中国古代名人大传

枫蓝 编著

杜甫传

DU FU ZHUAN

中国民族文化出版社
北京

图书在版编目（CIP）数据

杜甫传 / 枫蓝编著 . — 北京：中国民族文化出版
社有限公司 , 2023.8
ISBN 978-7-5122-1748-5

Ⅰ . ①杜… Ⅱ . ①枫… Ⅲ . ①杜甫（712-770）—传
记 Ⅳ . ① K825.6

中国国家版本馆 CIP 数据核字（2023）第 151984 号

杜甫传
DU FU ZHUAN

编　　著	枫　蓝	
责任编辑	张　宇	
责任校对	李文学	
出 版 者	中国民族文化出版社　地址：北京市东城区和平里北街 14 号	
	邮编：100013　联系电话：010-84250639　64211754（传真）	
印　　装	金世嘉元（唐山）印务有限公司	
开　　本	720mm×1020mm　1/16	
印　　张	16	
字　　数	230 千字	
版　　次	2023 年 10 月第 1 版第 1 次印刷	
标准书号	ISBN 978-7-5122-1748-5	
定　　价	69.80 元	

前　言

　　杜甫（712—770），字子美，自号少陵野老，唐代现实主义诗人，与李白合称“李杜”。出生于河南巩县，原籍湖北襄阳。唐代是中国诗歌文化最兴盛的时代，特别是在盛唐时期，伟大的诗人如同漫天星斗数不胜数，而杜甫就是其中最为闪亮的一颗。杜甫对中国古典诗歌具有深远的影响，被后世尊称为“诗圣”，他的诗被称为“诗史”。后世称其杜拾遗、杜工部，也称他杜少陵、杜草堂。

　　杜甫少年游历吴越和齐赵，其间曾赴洛阳应举不第。官场不得志，目睹了唐朝由盛转衰的全过程。天宝十四载（755），安史之乱爆发，杜甫辗转多地躲避战乱。乾元二年（759）杜甫弃官入川，生活虽然不再动荡，但仍然关心着天下黎民苍生。杜甫的名作很多，有代表性的是《登高》《春望》“三吏”“三别”等。

　　杜甫流传下来很多伟大作品，但在同时代人的口中很少得到认可，诗歌的价值也没有得到充分肯定。杜甫故去以后，人们逐渐发现了他诗歌的价值。杜甫的诗歌为什么能被称为“诗史”，主要有两个原因。

　　第一，杜甫诗歌的题材。从古至今，人们通常会将诗歌与浪漫联系起来。杜甫同时代的诗人多是如此，诗歌通常是用来描述景物，借物言志。杜甫则不同，他的诗歌题材包罗万象，包括但不限于国家的境况，百姓的生活状况。正是因为他关注国家，关注民生，这才让他的诗歌拥有超越其他诗歌的价值，有了"史"的价值。

第二，杜甫的人格。杜甫的后半生过得十分清贫，每到一处往往要靠当地亲友的帮助才能吃饱穿暖。因此，寄人篱下的生活对于杜甫是十分常见的。但是，杜甫求助时不卑不亢。他或是幽默，或是轻松，或者难为情，鲜有哀求。因此，他人生中有相当长的时间过着艰辛的生活，一生从未拿过一分不义之财。

正是因为杜甫高尚的个人品格，为他的作品赋予了极强的可信力。或许他会为了生活在酒宴之间夸赞某个官员才华横溢，但绝不会在百姓受苦的时候因为和他人交情而闭口不谈。不管是朋友、官员还是皇帝，他都直言不讳，指出对方的问题。也正是因为如此，他没能实现任何政治理想，就早早从左拾遗这个颇有前途的官位上被贬官。

那么，杜甫究竟是个怎样的人呢？或傲骨铮铮，或愁容满面，或严肃认真，这些都是杜甫给人的印象。他有意气风发的时候，有仗剑走天涯的时候，有落魄悲惨的时候，他的一生和唐王朝的命运紧密相连。

本书旨在为读者描绘一个全面的杜甫，一个真实的杜甫，一个与印象中并不相同的杜甫。希望广大读者通过本书了解杜甫这位伟大诗人的一生，了解唐朝中期的社会变化，体会到杜甫作品的意境，并从中有所领悟。

杜甫

- **本名：**杜甫
- **字：**子美
- **号：**少陵野老
- **别名：**杜少陵、杜工部、杜拾遗、杜草堂、老杜
- **身份：**伟大的现实主义诗人，与李白合称"李杜"

- **生卒年：**712 年—770 年
- **属相：**鼠
- **朝代：**唐
- **民族：**汉
- **出生地：**河南巩县（今河南巩义）

- **爱好特长：**作诗，饮酒，结交好友
- **主要作品：**《望岳》《旅夜书怀》《登高》《春夜喜雨》《春望》《登岳阳楼》《茅屋为秋风所破歌》等
- **政治思想：**推崇仁政，忠君爱国，关心百姓疾苦，忧国忧民
- **重要影响：**唐诗思想艺术的集大成者，其作品在中国古典诗歌中具有重要地位，被后世尊称为"诗圣"，其诗作被称为"诗史"

杜甫的一生

712-770

官宦儿郎，聪慧少年

1 岁 **712 年**
出生于河南巩县。

3 岁 **714 年**
体弱多病，被寄养在二姑家。

7 岁 **718 年**
开始学作诗，作《咏凤凰》。

14 岁 **725 年**
在洛阳，结识崔尚、魏启心、李龟年等。

漫游天下，意气风发

19 岁 **730 年**
开始第一次漫游，前往郇瑕。

20 岁 **731 年**
开始第二次漫游，前往吴越。

24 岁 **735 年**
到洛阳参加乡试，后参加贡试，未中。

25 岁 **736 年**
前往齐赵地区，结识苏源明。游泰山时作《望岳》。

28 岁 **739 年**
继续在齐赵地区漫游，结识高适。

30 岁 **741 年**
结束漫游，回到偃师祭祖，迎娶妻子杨氏。作《祭远祖当阳君文》《房兵曹胡马》。

31 岁 **742 年**
探望外祖母卢氏，随后前往洛阳。二姑病逝。

33 岁 **744 年**
第一次遇到李白。与李白漫游梁宋，后遇高适，三人结伴而行。

34 岁 **745 年**
再次与李白相会，共游齐赵。为李白作《与李十二白同寻范十隐居》等。

35 岁 **746 年**
回到长安，结识岑参、郑虔。作《冬日忆李白》等。

科举不第，仕途坎坷

36 岁 **747 年**
再次参加科举，因李林甫黜落全部士子，未中。

37 岁 **748 年**
因科举不中而失落，回到偃师。

39 岁 **750 年**
寓居长安，朝廷举办祭奠之礼，

创作"三大赋",进入集贤院。由于李林甫的干预,只取得集贤院候补。

40岁 751 年

受邀前往乐游原宴饮,见朝廷征兵戍边的情况,深感百姓生活之艰苦,作《兵车行》。

41岁 752 年

回到洛阳,秋天与高适相会,并且遇到岑参。作《奉赠韦左丞丈二十二韵》、《曲江》其三。

42岁 753 年

居住在长安,夏天送高适返回河西。作《丽人行》。

43岁 754 年

在长安南郊建造少陵草堂,接妻儿团聚。后将妻儿送回,独自留守。

44岁 755 年

被授予河西尉,不就,后改为右卫率府兵曹参军。探望妻儿,发现幼子饿死。年底返回长安。

颠沛流离,躲避战乱

45岁 756 年

安史之乱爆发,带领全家逃亡,前往鄜州。听闻肃宗在灵武登基,只身一人赶往灵武。路上遭遇叛军,被虏至长安。作《月夜》《对雪》。

46岁 757 年

逃出长安,前往凤翔拜谒肃宗,受

封左拾遗。后因房琯受牵连,受到三司推问。作《春望》等。

47岁 758 年

被贬到华州担任司功参军,随后前往洛阳省亲。作《曲江》等。

48岁 759 年

从洛阳出发,经新安、石壕、潼关等地返回华州。作"三吏""三别"。离开华州前往秦州,入蜀到成都。年末,听闻李白被流放到夜郎。

49岁 760 年

入蜀后在城西浣花溪处建造草堂。作《蜀相》《江村》。

50岁 761 年

先后前往新津、青城。年老力衰,生活窘迫,有前往吴楚之地的想法。冬天与高适在草堂把酒言欢。作《春夜喜雨》《江畔独步寻花》《客至》《赠花卿》《茅屋为秋风所破歌》。

51岁 762 年

与严武联系,送严武至绵州,回程前往梓州。把家人从成都接到梓州。在周边游历,游览金华山玉京观、陈子昂故居、郭元振故居、庆善寺画壁。作《寄高适》。

52岁 763 年

在梓州听闻官兵收复河南、河北、安史之乱结束。前往阆州凭吊房琯。秋季时,接到女儿生病的家书,回到梓州。作《闻官军收河南河北》等。

积弱贫苦，蹉跎岁月

53岁 **764 年**

前往阆州。朝廷封补京兆共曹参军，不就。半路听说严武回到蜀地镇守，便前往成都。入严武府中，为节度参谋、检校工部员外郎。后感觉不快，离开严府。作《登楼》等。

54岁 **765 年**

回到草堂居住。多次辗转，先后前往嘉州、戎州、渝州、忠州、云安。因病居住在严明府水阁。作《旅夜书怀》。

55岁 **766 年**

离开云安，前往夔州。因病留居在此。作《八阵图》，《秋兴》其一等。

56岁 **767 年**

迁居到瀼西草屋，有果园，菜地及稻田。想前往荆襄。在夔州别

驾元持家看李十二娘舞剑。作《登高》《观公孙大娘弟子舞剑器行》等。

57岁 **768 年**

离开夔州，前往江陵。在江陵期间身体情况好转。秋，前往公安县，停留数月后前往衡州。作《江汉》《登岳阳楼》。

58岁 **769 年**

途经岳州，抵达衡州。游历南岳道林两座寺庙，欣赏宋之问题字的墙壁。三月，抵达潭州，结识苏涣。想要找老友韦之晋，结果对方突然病故。

59岁 **770 年**

遇李龟年，作《江南逢李龟年》。回到衡州。受到舅父崔伟邀请前往郴州，因路途艰险而放弃，准备走水路返回襄阳。即将抵达洞庭湖时患重病，作绝命诗《风疾舟中伏枕书怀三十六韵奉呈湖南亲友》，去世于船上。

目 录
CONTENTS

第一章

乐无忧·一日上树能千回

百忧集行

杜甫

忆年十五心尚孩，健如黄犊走复来。

庭前八月梨枣熟，一日上树能千回。

即今倏忽已五十，坐卧只多少行立。

强将笑语供主人，悲见生涯百忧集。

入门依旧四壁空，老妻睹我颜色同。

痴儿不知父子礼，叫怒索饭啼门东。

· 官宦人家儿郎 ·

　　唐睿宗太极元年（712）正月初一，河南巩县瑶湾村一户姓杜的人家迎来了一个小生命的诞生，随着一声响亮的啼哭，盛唐最伟大的现实主义诗人诞生了，他就是杜甫。

杜甫是标准的官宦人家子弟，其家族之渊源，可以追溯到陶唐氏，也就是最初被封在陶地，后来又迁到唐的上古圣主尧帝之地。

杜氏家族在历史上出现过不少著名的人物，其中名气最大的当属晋代的杜预，他是西晋著名的政治家、军事家、学者，因十分擅长军事谋略，被人们尊称为"杜武库"。也因为这位"杜武库"实在是太有名了，所以大部分杜氏族谱都是从他算起，将他列为家族的祖先。

唐朝初期时，杜家又出了个杜审言。杜审言是个非常有才华的人，官至膳部员外郎，和初唐诗人李峤、苏味道、崔融一并被誉为"文章四友"。

杜审言为人高傲自负，常常贬低、挖苦他人。有一次，杜审言读了苏味道的一篇文章后，便说道："苏味道必死！"

旁人听了这话，都十分惊讶，问杜审言为何这样说，杜审言却道："他这文章写得太差劲，我狠狠写了几句批评的话，他若看到，还不得立刻羞愤而死！"

有人为苏味道打抱不平，认为他和杜审言齐名，得到这样的评价实在有些过分，杜审言却反驳说："就凭他还想和我比？我的诗文能让屈原和宋玉俯首，我的书法就连王羲之都甘拜下风！"

杜审言的狂傲让世人瞠目结舌，一直到死，他都没有改变分毫。据说在他重病垂危时，大诗人宋之问、武平等人来探望，他却对众人说道："我活着时压了你们这么久，如今我快死了，你们总算能松口气啦，只是可惜，见不到能够接替我的人才！"

虽然杜审言实在是自高自大，但不得不说，在"文章四友"中，他的诗歌成就确实是要比其余三人高出一大截的，也难怪在许多年后，他的孙儿杜甫会骄傲地宣称"诗是吾家事""吾祖诗冠古"。

在杜氏家族的传承中，除了文学上的骄傲与狂放，还流淌着侠义刚烈的血性，这一点在杜审言的儿子杜并身上体现得淋漓尽致。事情还要从杜审言进士及第之后说起，当时，杜审言被任命做了洛阳县丞，后来被吉州司马周季重和员外司户郭若讷合谋陷害入狱，险些置于死地。

那时候，杜审言的儿子杜并才十六岁，一心想为父亲报仇，于是就找机会混入周季重家举办的宴会，用匕首重伤周季重，自己也死在了周府下人的乱刀之下。周季重临死之前懊悔万分，叹息道："真没想到杜审言的儿子竟然如此侠烈，都是郭若讷在害我啊！"

因为这事，杜并被当时的人们称为"孝童"，人们都为他的孝义和刚烈震撼不已，就连当时的女皇武则天都听说了这件事，并召见杜审言，赐了他著作佐郎之职。这个杜并，就是杜甫的亲叔叔，他骨血里的侠烈之气，在青年杜甫身上同样也能窥见一斑。

而杜审言的另一个儿子、杜甫的父亲杜闲是个读书人，因为杜审言家教十分严厉，要求家中男丁不考取功名就不能结婚生子，所以杜闲一直到了 29 岁"高龄"，才得以迎娶比自己小了整整 10 岁的妻子崔氏，并在而立之年才终于迎来第一个孩子，这个孩子就是杜甫。

崔氏同样生于官宦之家，是实实在在的名门千金。她的外祖父李琮是唐太宗李世民第十子纪王李慎的次子，被封为义阳王。在武则天执政时期，李氏皇族被大肆屠戮，李慎因越王李贞起兵造反的事情受到牵连，被判流放，李琮夫妇也被抓捕入狱。

崔氏的父亲也不是普通人，他是唐高祖李渊第十八子李元名的曾外孙。崔氏的父母都是李唐皇室的直系血亲，而杜甫身上自然也流淌着李唐皇室的血脉，称得上"天潢贵胄"。

杜闲与崔氏成婚后十分恩爱，对长子杜甫更是视若珍宝。但不幸的是，在杜甫三四岁时，崔氏就因病去世了，杜甫从此失去了母爱。

母亲去世后不久，杜甫就被家在洛阳的二姑接去，从此在二姑家生活。杜甫的二姑是个非常具有侠义之气的女子，对杜甫视如己出，很大程度上弥补了杜甫所缺失的母爱。

杜甫在二姑家生活不久，就和二姑的儿子一起染上了疾病，很可能是鼠疫一类的病。二姑的儿子是杜甫的表哥，比杜甫大一岁。当时，两个孩子都生病了，但二姑却把主要的精力都放在了杜

> **人物档案**
>
> 杜闲（682—741），巩县（今河南巩义）人。杜审言长子，杜甫的父亲。开元五年（717）为郾城尉，开元二十年（732）左右擢为奉天令，开元二十五年（737）前后擢为朝议大夫、兖州司马。

甫身上，最终，杜甫的病情逐渐转好，他的表哥则不幸去世。

这件事杜甫一直铭记在心中，长大成人之后，每每与人谈起表哥，都会禁不住伤心流泪，对二姑也就更添了几分感激。许多年后，杜甫在参加二姑的葬礼时，饱含热泪地对人们讲起这段往事，每到动情之处，都哭得不能自已，悲痛万分。

怀抱着对二姑的深情厚谊，杜甫执起笔，洋洋洒洒地写下一篇朴实无华却又感人至深的墓志铭——《唐故万年县君京兆杜氏墓碑》。内容如下：

> 甫以世之录行迹、示将来者多矣，大抵家人贿赂，词客阿谀，真为百端，波澜一揆。夫载笔光芒于金石，作程通达于神明，立德不孤，扬名归实，可以发皇内则，标格女史，窃见于万年县君得之矣。其先系统于伊祁，分姓于唐杜，吾祖也，我知之。远自周室，迄于圣代，传之以仁义礼智信，列之以公侯伯子男。
>
> ……
>
> 甫昔卧病于我诸姑，姑之子又病，问女巫，巫曰："处楹之东南隅者吉。"姑遂易子之地以安我，我是用存，而姑之子卒，后乃知之于走使。甫常有说于人，客将出涕感者久之，相与定谥曰义。君子以为鲁义姑者，遇暴客于郊，抱其所携，弃其所抱，以割私爱，县君有焉。是以举兹一隅，昭彼百行，铭而不韵，盖情至无文。其词曰：
>
> 呜呼，有唐义姑京兆杜氏之墓。

> 杜甫生于官宦世家，家中有很多显赫的人物，他从小受到了严格的家教。但杜甫年幼丧母，这无疑是巨大的创伤，不过杜甫的二姑视杜甫如己出，弥补了杜甫童年的不幸。

·开口就能咏凤凰·

大凡名人现世，总会被人们塑造出种种神异的传说，就好像他们的天赋异禀早已是命运安排好的，杜甫也不例外。据说在杜甫十几岁的时候，曾做过一个神异的梦。他梦见一个白发皓首的老人，老人家对他说："你是神仙转世，聪明非凡，可以往康水去一趟，采文章以流传后世。"

杜甫非常惊讶，心中充满怀疑，但看着老人仙风道骨的样子，又觉得有些玄妙。更何况，十几岁的少年郎，谁心里会没有点儿"天降大任"的渴盼呢？

于是，杜甫按照老神仙的指示来到康水，只见一个峨冠童子站立在不远处，像是在迎接他的到来。见到杜甫，童子果然徐徐上前，恭敬地对他说道："您本是天上的文宝星，下凡就是为了兴盛唐朝的诗歌文章，您瞧，云彩里裹着天帝的圣旨，已经落下来啦！您快去取吧！"

杜甫朝那童子指的地方走去，只感觉那里空气清新，风景秀美，泉水在阳光照射下霞光四射，宛若人间仙境。水草繁茂之处，竟有两只彩凤在水边嬉戏，不一会儿便双双起飞，盘旋数圈之后，向着太阳飞去了。

杜甫惊讶地看着眼前的景象，然后一低头，便瞧见了一块刻着金字铭文的玉石，上面刻的金字是："诗王本在陈芳国，九夜扪之麟篆熟，声振扶桑享天福。"

杜甫捧着这玉石翻来覆去地把玩，对上面刻的金字却一知半解。他也没有多想，将玉石佩戴在身上就无忧无虑地玩耍去了。他像往常一样，兴致勃勃地四处乱逛，进了那充满人间烟火的集市中，路过卖葱的地方。

可是，当他回到屋中时，忽然飞火满屋，一个声音骤然在心头响起："你竟让我遇到了葱这样污秽的东西，你亵渎了神灵，从今往后，你将只有文名大盛，却再不会得到高官厚禄了！"

这样的传说多半是后人牵强附会的，毕竟相比少年时的无忧岁月，杜甫后半生所经历的苦难确实令人叹息。当然，无论如何，尚且年少的杜甫大概永远都不会想到，今后的命运会如此沉重与坎坷。

早在幼年时期，杜甫就已经展露出惊人的读书天赋，称得上天才少年了。据说他年纪还很小的时候，就已经能够将《诗经》背诵下来。

要知道，《诗经》中有 305 篇诗歌，即使是在诗文盛行的唐朝，这些诗也不算是容易理解的。可杜甫不仅能将其背诵下来，还能恰到好处地理解其中的含义。或许正是这样的天赋，民间才会流传着杜甫是文曲星的传说。

杜甫的超强记忆力不仅仅体现在背书上。他在五十多岁时写的《观公孙大娘弟子舞剑器行》一诗中，开篇提到的"昔有佳人公孙氏，一舞剑器动四方"，这位"公孙氏"指的就是唐朝时期著名的舞剑艺术家公孙大娘。而杜甫唯一一次看过公孙大娘的表演，还是在他

五六岁的时候。

　　那时的杜甫还是个未经风霜的孩童，还在享受无忧无虑的童年，偶然的惊鸿一瞥，佳人舞剑的美景便烙印在心头，哪怕历经数十年的岁月风霜，记忆也不曾褪色。可见他的记忆力之超强，艺术感受力之敏锐，不同凡响。

　　当然，杜甫的天才不仅仅在于胜过别人的记忆力和艺术感受力，他的创作天赋也是值得称道的。

　　众所周知，诗歌在唐朝时期十分盛行，文人墨客不论何时何地，都愿意吟上几句诗。看到美丽的风景要吟诗，发生特殊的事情要吟诗，就连大家伙儿聚在一块儿玩也要吟诗。像杜甫家这样的书香门第，当然也少不了时不时就要吟诗作对一番。

　　在一次家族聚会中，年仅七岁的杜甫在长辈们面前挥笔写下一首诗《咏凤凰》：

> 凤凰出东方，翱翔于四溟。
>
> 凤鸣如箫声，凤舞天下平。

在场之人无不惊叹，他们不敢相信这样精彩的作品真是出自一个七岁孩童之手。大约也是在那个时候，杜甫"神童"之名开始流传。

在古代，凤凰是传说中的神鸟，是百鸟之王，更是祥瑞的象征。相传凤凰现世，便预示着天下太平。七岁的杜甫不咏鸟，不咏鹅，却选择了吟咏传说中象征着祥瑞与太平的凤凰，可见在这小小少年的心中，志存高远，早早就种下了一个"为万世开太平"的梦想。

虽然早慧，但少年杜甫身上仍然有着少年儿童普遍存在的调皮捣蛋和活泼好动。杜甫家的庭院里种了一些果树，每到八月间，梨子和枣子成熟的时候，杜甫最爱干的事情就是爬树，摘微酸的梨子，香甜的枣子。就像他晚年在《百忧集行》中回忆的"一日上树能千回"。在杜甫记忆中，自己最鲜活的样子应该是这样的：惊才绝艳，开口便能咏凤凰；鲜衣怒马，上天入地浑不怕。

读而时思之

> 关于杜甫的传说，听起来有一些荒诞。但杜甫年幼时表现出的异于常人的天赋，这是可信的。杜甫幼年即能背诵《诗经》，具有超强的记忆力；还能独自创作，七岁时就能作诗。一代大诗人从孩提时期就显露锋芒。

·少年风流洛阳城·

比天才更厉害的，是努力的天才，而杜甫就是一个非常努力的天才。

从年少时开始，杜甫就非常喜欢读书，不仅是诗歌、文学方面的作品，只要能拿到的书，他无所不读。而且，和陶渊明的"好读书，不求甚解"不同，杜甫读书，必须要读熟、读透，更要读出自己的见解来。

正是因为这样的读书习惯，让杜甫在创作方面有着非常扎实的功底，成为了排律诗的顶尖高手。而排律诗在唐朝时期是受到人们极力推崇的，也因为这样，不过十五六岁的杜甫，在洛阳诗坛中已有了知名度。

唐朝洛阳是个特别的城市，因在长安以东，故被称为东都。洛阳的繁华程度仅逊于长安，王公贵族、文人墨客要是想外出游览一番，必然首选洛阳。

洛阳的文化氛围非常浓厚，时常会举行各种文人墨客的聚会。许多怀抱着雄心壮志的读书人都会参加这样的聚会，拼尽全力展示自己的才华，以求能遇到伯乐，得到贵人引荐，进而开启自己的仕途。

杜甫的祖父杜审言文采飞扬，傲慢自大，就连中国古代文坛的大山屈原也不放在眼里，他的书法也颇有造诣，据说颇有王羲之的风范。而杜甫的父亲杜闲，也曾被同代的学者大力称赞。可见，在书法一道上，杜家是有传承的。祖父与父亲在学问上的造诣给了杜甫很大的影响，让他非常渴望继承门风，成就一番事业。

杜甫是一个怀抱着雄心壮志的少年郎，特别是当他得知皇帝亲自在洛阳主持了进士科考的时候，心中仿佛燃烧起一团火焰，照亮了迷惘的未来——他要在官场一展宏图，要实现自己的政治理想。

来到洛阳，杜甫马上就觉得这一决定是正确的。洛阳的文化氛围之浓厚，哪怕是都城长安也是远远不及的。更别说洛阳环境优美，牡丹花名扬天下，艳丽无比，更是让他心旷神怡。

这一时期，杜甫和其他读书人一样，频繁出入各种文人雅士的聚会。虽然他年纪小，但他渊博的知识和无与伦比的才华很快就征服了许多文坛前辈，他年轻、热情、才华横溢，博得了一众文人的好感。

这其中，与杜甫关系最为亲近的有两人，一个是曾担任过郑州刺史的崔尚，另一个是担任过豫州刺史的魏启心。二人都比杜甫年长许多，已经三四十岁了，杜甫一直喊他们"老师"，两位也确实教授过杜甫读书习文。但只要了解他们的相处情景就会发现，他们之间的情

谊，更像是平辈论交的友人。

在洛阳浓厚文化氛围的熏陶下，杜甫的诗文风格逐渐成熟，他的才华与才智越来越多地展现出来。崔尚、魏启心两位愈发赏识杜甫的才能，认为他的文章颇有东汉知名文学家班固和西汉著名文学家扬雄的风范。要知道班固九岁就能吟诗作赋，十六岁就成为了太学生，后来更是编著了《汉书》《地理志》《西域列传》等作品。扬雄也是个才子，他的作品《扬雄四赋》壮丽优美，令人咋舌，表达了对统治者的告诫与警示。崔尚、魏启心认为杜甫的文风与扬雄类似，也说明了杜甫的作品有风骨，能对统治者起到劝诫作用。

在洛阳这些形形色色的文人雅士聚会中，规格最高也最有名的，当属岐王李范举办的聚会。

李范原名李隆范，因避讳唐玄宗李隆基的名讳才改名李范的。他是睿宗李旦的第四个儿子，和其他兄弟比，他的出身并不高贵，母亲崔氏出身不高。但他出生在了一个好的时候，正好在父亲李旦登基后出生，所以得到宠爱，被封为卫王。

但可惜好景不长，李旦的母亲武则天把儿子拉下了皇位自己当上了女皇，李范和他的兄弟们一夕之间就从皇子变成了皇孙。为了活命，李范一家都非常低调，装出一副沉迷琴棋书画、诗词歌赋，完全不慕名利、不贪权势的样子，以便让祖母武则天放心。

结果，李范迷上琴棋书画、诗词歌赋，悠闲度日。他的兄弟们也

> **✦◆◆ 人物档案 ◆◆✦**
>
> 李范（686—726），本名李隆范，陇西成纪（今甘肃秦安县）人。唐朝宗室大臣，唐睿宗李旦第四子。武周时期降为巴陵郡王，授尚食奉御。唐中宗复位后迁员外太府少卿、陇州别驾、银青光禄大夫。唐睿宗复位时进为岐王，拜太常卿，迁左羽林卫大将军。唐玄宗即位后参与消灭太平公主势力集团，迁太子少师，出任华虢岐三州刺史。开元十四年（726）去世，册赠惠文太子，陪葬于桥陵。

都和他差不多，唯有三哥李隆基始终积蓄力量，等待时机。正因为如此，李范兄弟几个感情很好，李范作为小弟受到哥哥们的爱护。

武则天去世后，李旦的哥哥、中宗李显再次即位，李范依旧安闲度日，对权力斗争不感兴趣。

武则天时期，李显被废后遭到软禁，此时只有妻子韦氏与他同甘共苦，因此他发誓绝不辜负韦氏。中宗二次即位后封韦氏为皇后，加以宠信，又封武周时期重臣上官婉儿为妃。韦皇后与上官婉儿与武则天的侄子武三思勾结，形成党羽。后中宗封武三思为司空，韦后一党独揽大权。

之后的日子里，中宗愈发昏庸，不久后驾崩，有人认为是韦后一党给毒死的。韦皇后立李显四子李重茂为皇帝。

李隆基是李旦的三子，中宗去世后，李隆基想要除掉韦氏一党，他与太平公主以及其他忠于李唐的官员谋划，率军杀入皇宫，杀死韦皇后、上官婉儿等人。李重茂将皇位让给相王李旦，李旦也和他的哥哥一样复位了。

两年后，睿宗李旦又把天下禅让给太子李隆基，是为唐玄宗。我们再将目

李隆基（685—762），唐高宗李治与武则天之孙，唐睿宗李旦第三子，唐朝在位最长的皇帝，712—756年在位。生于东都洛阳，生性英明果断。唐隆元年（710），与太平公主联手诛杀韦后集团。先天元年（712），于长安太极宫登基。在位前期，拨乱反正，励精图治，任用姚崇、宋璟等贤相，开创开元盛世，巩固多民族国家的统一，使唐朝达到顶峰。在位后期骄傲自满，宠信奸臣李林甫、杨国忠等；宠爱杨贵妃，重用安禄山等外族势力，结果导致安史之乱爆发，唐朝由盛转衰。天宝十五载（756），太子李亨即位，被尊为太上皇。宝应元年（762），病逝于长安神龙殿，谥号至道大圣大明孝皇帝，庙号玄宗，葬于泰陵。

光回到岐王李范，他作为玄宗的小弟，一直过着舒适的日子，天天没事就在封地里举办各种大型文人聚会，许多诗人都曾是他的座上宾。

此前说过，杜甫家世显赫，尤其他的母亲一族，更是流淌着李唐皇室的血脉。加之他年少时的"神童"之名，以及少年时期在洛阳文坛中展现出的超乎寻常的文学才华，种种因缘际会，让十五岁的杜甫得到了岐王李范的邀请，成为岐王府的座上宾。

正是在这里，杜甫结识了在唐玄宗身边担任殿中监的崔涤，以及著名的"乐圣"李龟年。在杜甫晚年作的《江南逢李龟年》中，杜甫所说的"岐王宅里寻常见，崔九堂前几度闻"，讲述的正是这段经历。因崔涤在家中排行第九，所以人们也称他为崔九。

读而时思之

杜甫有天赋，自己也很努力，养成了良好的读书习惯，对他的创作有着积极帮助。年少的杜甫来到洛阳一展宏图，结识了许多文人墨客和朝中的人物，其中一位重量级人物就是岐王李范。年少游历洛阳的经历，为杜甫之后的命运埋下了伏笔。

四方游·山河万里可横行

骁腾有如此，万里可横行。

所向无空阔，真堪托死生。

竹批双耳峻，风入四蹄轻。

胡马大宛名，锋棱瘦骨成。

杜 甫

房兵曹胡马

·第一次远行·

　　转眼间杜甫已经十九岁了，他开始了自己人生中第一次独自远游，目的地是距离洛阳四百四十里的郇瑕。

　　对于一个十九岁的年轻人来说，这样的出行不会感到担惊受怕，即便他没有任何游历的经验。杜甫迈开脚步，轻描淡写地朝哭着为他送行的家人们挥挥手，便潇洒离去了。至于此次出行的原因，并不是单纯的想要外出游玩，也不是会客访友，而是因为此时在洛阳城发生了水灾。

那年洛水泛滥成灾，天津桥、水济桥被冲毁，船只被淹没，民房被冲垮。此时的洛阳显然不太适合居住，而年轻的杜甫也需要开阔眼界、增长阅历。于是，这样一次出行就显得非常顺理成章了。至于目的地为什么是郇瑕，我们或许能从杜甫的诗歌当中找到些蛛丝马迹。

杜甫曾为祖母撰写《唐故范阳太君卢氏墓志》，在文中，杜甫提到三姑嫁给了范阳卢正均，而卢正均在平阳做官，平阳距离郇瑕不远。杜甫出游郇瑕，可能只是路过，目的地应该是去平阳探亲。还有一种可能，与杜甫感情极深的二姑嫁给了裴容期，裴容期的老家就在山西，很有可能就是郇瑕人。那么，杜甫前去探望也很正常。

总而言之，杜甫去郇瑕游历了不到一年的时间，这次不算长的游历令杜甫饱览祖国美好山河。也正是这第一次远游，让他结识了自己一生的知己韦之晋和寇锡。特别是在《哭韦大夫之晋》中，有这样两句："凄怆郇瑕色，差池弱冠年"，佐证了杜甫曾在弱冠之年游览郇瑕，与韦之晋结识。

关于杜甫游览郇瑕时究竟发生了什么故事，他与好友是如何结识的，我们知之甚少。就连杜甫曾经有过这次游览，都是在清朝时期才被明末清初学者朱鹤龄发现的。

这一发现被朱鹤龄记载于《杜工部诗集辑注》前的《杜工部年谱》中，可惜的是，这部著作与钱谦益有关。

钱谦益此人才华横溢，但人品一直颇受争议。他原本是明朝官员，颇有文名。清军入关后，此人表现得没有骨气。清兵即将攻下南京的时候，钱谦益的同伴表示想和他一起投水殉国，钱谦益装模作样地试了试水温，说："水太冷，不能下。"同伴气坏了，便往水里跳，也被钱谦益拖住。

几天后，钱谦益带领南京诸多明朝旧臣向清朝投降。面对清朝的剃头令，众人议论纷纷，态度各不相同。在某一天，钱谦益突然说："头皮太痒。"就出门去了。回来的时候，他已经留好了清朝要求的发型。

水太冷、头皮痒，这两件事成为了钱谦益一生都无法抹去的污点。就连清朝官员都觉得这个人没骨气。但几年后，钱谦益却暗中资助一些反清复明的活动。

正是因为他的反复无常，与他相关的著作也成为了禁书，大多被销毁。所以，朱鹤龄这一发现并没有被学术界所重视。直到乾隆时期，学者刘凤诰在研究杜甫的时候，再次将这一观点记录下来，保留至今。

杜甫传

十九岁的杜甫开启了第一次远行，前往四百多里以外的郇瑕。这次出行的缘由并不是游玩，而是躲避水灾。历史上对于杜甫的这次出行没有太过详细的记载，但对于杜甫来说这次游历是值得铭记的。

·逍遥吴越山水间·

杜甫第二次漫游来到吴越之地，这次游览正赶上唐玄宗继位、开创开元盛世的时候。在这段时间里，唐玄宗励精图治，社会非常繁荣，百姓安居乐业，物质丰富，交通便利。

这样一个平安富有的时代，正是漫游天下的好时机。因此，盛唐时期诗人们喜欢四处漫游，经常有极致浪漫的诗歌作品出现。李白、王维、高适、岑参、孟浩然等诗人都受到感召，饱览祖国美好河山，结交朋友，拓展自己的眼界与见识，增长阅历，积累经验。

杜甫也不例外，特别是在他最后几年的人生中，每每目睹社会现状时，都忍不住回想玄宗时期的辉煌。在《忆昔二首》其二中，杜甫是这样记载的：

忆昔开元全盛日，小邑犹藏万家室。

稻米流脂粟米白，公私仓廪俱丰实。

九州道路无豺虎，远行不劳吉日出。

第二章　四方游·山河万里可横行

齐纨鲁缟车班班，男耕女桑不相失。

宫中圣人奏云门，天下朋友皆胶漆。

百余年间未灾变，叔孙礼乐萧何律。

岂闻一绢直万钱，有田种谷今流血。

洛阳宫殿烧焚尽，宗庙新除狐兔穴。

伤心不忍问耆旧，复恐初从乱离说。

小臣鲁钝无所能，朝廷记识蒙禄秩。

周宣中兴望我皇，洒泪江汉身衰疾。

　　不同于第一次漫游，杜甫游览吴越足足用了四年时间。从开元十九年开始到开元二十三年回洛阳参加贡试结束。在这四年里，杜甫游览了南京、苏州、杭州、绍兴、萧山、新昌等地。

　　吴越之地多水脉，杜甫从洛阳到吴越，走的就是水路。第一站，就是江宁府。杜甫在乾元元年作了一首《送许八拾遗归江宁觐省，甫昔时尝客游此县，于许生处乞瓦官寺维摩图样，志诸篇末》：

> 诏许辞中禁，慈颜赴北堂。圣朝新孝理，祖席倍辉光。
> 内帛擎偏重，宫衣著更香。淮阴清夜驿，京口渡江航。
> 春隔鸡人昼，秋期燕子凉。赐书夸父老，寿酒乐城隍。
> 看画曾饥渴，追踪恨渺茫。虎头金粟影，神妙独难忘。

诗歌描写的正是杜甫在江南游览的名胜瓦官寺，其中杜甫看到的画是东晋著名画家顾恺之所作的《维摩诘像》。

相传，在东晋兴宁年间，瓦官寺要重修。寺中僧人四处请求捐助，但捐款的人却没有一个能拿出超过十万钱的。顾恺之说，他要捐赠百万钱。僧人怀疑顾恺之能否拿出百万钱来，便催促他兑现承诺。顾恺之就提出，僧人们在庙里粉刷好一面墙壁。接下来的一个月里，顾恺之吃住都在寺内，一步都不曾离开。一个月后，墙壁上就出现了一幅精致的维摩诘像。在即将为画像点睛的时候，顾恺之对僧人说："第一天前来观看的人，要布施十万钱才行，第二天五万就好，第三天就随便收些费用了。"顾恺之成名已久，谁不想看看这幅维摩诘画像呢？于是，等僧人打开门窗时，观赏者马上就挤满了寺院。顾恺之所说要布施的百万钱，顷刻间就已经达成。

杜甫对于顾恺之这幅画像早已心神往之，初次看到的时候更是兴奋异常。即便是在二十七年后，当时的场景仍然历历在目。

江宁乃六朝古都，杜甫在江宁游览过许多名胜，欣赏了许多美妙的风景。之后杜甫离开江宁来到苏州，将苏州许多名胜都记录在诗歌之中。可见，杜甫更加喜欢苏州，在苏州游玩的时间也更长。

这次巡游，杜甫去过姑苏台、阖闾墓、剑池、长州、阊门、吴太伯庙等名胜。姑苏台在苏州西三十里的姑苏山上，相传是吴王阖闾修建。每到春夏时节，阖闾就会到姑苏台游玩，欣赏风景。夫差继位后，在台上建立了春宵宫，还建了用来泛舟的天池，终日与西施奢靡享乐。后来勾践讨伐吴国的时候，姑苏台毁于战火。

闾门同样是一处与吴王阖闾有关的名胜，吴王阖闾就葬在闾门外的虎丘山上。为阖闾陪葬的名剑有三千柄之多，还用金属打造了一头白虎蹲在丘上，该地也因此得名为虎丘。唐朝时期，高祖李渊的祖父名李虎，因此这个景点避讳更名为武丘。杜甫到武丘凭吊阖闾，但阖闾墓早已荒废，杂草丛生。山中剑池令杜甫心旷神怡，两边都是几丈高的陡峭石壁，既险又奇。

下一站，杜甫前往苏州城西南的长洲苑。相传夫差、阖闾都曾在此处游猎。可惜杜甫游览的时候，那里没有猛兽，只有美丽的自然风光。

在闾门内不远处就是太伯庙。太伯是周文王姬昌的伯父。相传，姬昌的祖父认为姬昌将来会有圣德，就打算越过长子太伯，把国君的位置传给幼子季历，也就是姬昌的父亲。太伯并没有因此不满，反而带着另一个弟弟仲雍一起出走，成了吴国的始祖。太伯的事迹在《论语》中被歌颂，杜甫从小接受儒家教育，对《论语》再熟悉不过，为太伯仁孝谦让的精神而感动。

杜甫作品《壮游》中"蒸鱼闻匕首，除道哂要章"讲述了专诸与朱买臣的故事。专诸是我国历史上赫赫有名的刺客，公子光宴请吴王僚，专诸假装成烤鱼的师傅，把鱼肠剑放在鱼肚子里，借机刺死吴王僚，而专诸也牺牲了。公子光做了吴王，即阖闾。

朱买臣未发迹时非常贫穷，但他还是一心向学，经常在干活的时候背诵文章。一次，他在砍柴的时候高声背诵，却引来了周围人的嘲笑。朱买臣的妻子觉得很丢脸，便劝说他别这样，跟个呆子似的。朱买臣不仅不听，反而背诵得更加大声。几次后，妻子向朱买臣提出离婚。

朱买臣对妻子说："我五十岁就要发迹了，如今你已陪伴了我二十多年，再等几年我就能荣华富贵，好好回报你。"他的妻子根本不信，怨愤地说："你这样的人只配饿死在沟里，怎么能富贵呢？"朱买臣无奈，只好写了休书给妻子。妻子毫不留恋地走了，没多久就再嫁了。

后来，朱买臣出人头地，当上了会稽太守，坐车赴任时在路上见到前妻和前妻的丈夫。朱买臣好生招待两人，一个月后，前妻就自缢了。

盛唐时期，长安无疑是亚洲乃至世界最大、最繁华的城市之一。许多国家都慕名派来使者，距离近的国家还纷纷派来学生学习。其中，日本与唐朝交流最为频繁。仅仅是遣唐使，就派了十几次，鉴真高僧也六次东渡日本传播佛法。无数风流的诗歌，都离不开大海，离不开海上的仙山和遥远的扶桑。作为内心对浪漫有无限憧憬的青年，杜甫自然也对扶桑充满憧憬。因此，他在《壮游》中写道："东下姑苏台，已具浮海航。到今有遗恨，不得穷扶桑。"

远渡重洋前往扶桑，就是杜甫当时升起的雄心壮志，甚至在做准备了，但一直没有成行。可能是因为这个行程太过危险，也可能是担心航海技术不过关。杜甫想到扬帆渡海，已经有很大的勇气了。一艘能渡海的船，可谓价值不菲。购买物资、雇佣船员，也是一笔不小的支出。而当时的杜甫，怎么能拥有这样的经济能力呢？

杜甫的父亲杜闲始终为官，且官职不小。根据考察，杜闲一年的收入差不多是一般家庭的十一倍，杜甫的家境算是优越的。而且，杜甫的叔叔杜登也在江浙地区做官，杜甫的一个姑姑嫁给了会稽的贺㧑，贺㧑官居常熟主簿。所以，杜甫游览吴越的时候，可能有相当长的时间是盘桓在这个姑姑家的。这些亲属距离苏州都不远，所以杜甫在准备远航的时候，极有可能得到了他们的资助。

没能前往扶桑的杜甫，转而去了距离苏州不远的杭州。但是，杜甫从未在诗中记载在杭州的经历，所以我们也没办法知道他在杭州游览的感受。杜甫在《解闷十二首》其二中有记载：

商胡离别下扬州，忆上西陵故驿楼。

为问淮南米贵贱，老夫乘兴欲东流。

西陵指的就是如今的萧山，在唐朝时期是浙江东部重要的驿站。可见，杜甫曾经到过萧山。萧山距离会稽，也就是如今的绍兴是很近的。这里是春秋时期越国国都，那么"三千越甲可吞吴"的越王勾践自然就浮现在了杜甫的脑海。

会稽城南三里处有镜湖，流入镜湖的溪流中有一条名叫若耶溪，溪边有一块石头，相传乃是西施浣纱的地方，因此也被称为浣纱石。镜湖、若耶溪旁的浣纱石，再加上越地那些肤白貌美的女子，杜甫很自然就联想到了西施，写下"越女天下白，鉴湖五月凉"。其中的鉴湖就是镜湖。

除了镜湖，会稽附近的名胜杜甫还游览了剡溪。剡溪距离会稽有一百八十里，到过此处的文人墨客也是很多的，如东晋书法家王徽之。王徽之居住在山阴，一天夜里大雪纷飞。他从梦中醒来，叫仆人端上酒水欣赏雪景。大雪覆盖了地面，到处都是一片银白。王徽之干脆坐起身来，在院子里徘徊。他突然想起了好友戴逵，而戴逵就住在剡县。于是，王徽之便让仆人准备好小船，连夜乘船前往。小船行了一夜，王徽之终于来到了戴逵家。刚到戴逵家的门口，王徽之就转身返回了。有人好奇问他，为什么到戴逵家门前却不找戴逵，而是直接返回了。王徽之回答说："我本是乘兴而去，抵达目的地已然尽兴，自然就要回来，为什么一定要见到戴逵呢？"这就是王徽之雪夜访戴的故事。

剡溪附近风景秀丽，竹林、树林都别有特色，山水如画，给杜甫留下了深刻的印象。因此，杜甫在《壮游》中写下"剡溪蕴秀异，欲罢不能忘"的诗句。

继续南行，杜甫还抵达了天姥山。李白曾写下《梦游天姥吟留别》的诗篇，但杜甫却仅仅在《壮游》中写下"归帆拂天姥，中岁贡旧乡。"

读而时思之

杜甫第二次出行游历了吴越之地。此时正是唐朝强盛之时，杜甫通过漫游开阔了眼界，结交了朋友。这次游览历时四年，杜甫途经苏杭等地，山川壮丽，景色优美，杜甫也留下了很多诗句。吴越之行显然是烂漫快乐的，之后杜甫经历了许多的艰难困苦，但在他的诗歌中每到描写吴越之地的时候，总是难以抑制溢美之词和故地重游的想法。

·落榜？那便继续诗与远方·

开元二十三年（735），杜甫结束了吴越之旅。不是因为他已经饱览了吴越的大好河山，也不是想念洛阳家人，而是因为他要参加贡试了。贡试，就是乡贡考试，由乡里推荐，在州县挑选，然后再由地方官府派人将参加考试的举子送到京师参加进士考试。

杜甫才思敏捷，饱读诗书，自然在乡试中取得了优异的成绩，成为被送去洛阳的举子。这一年的年底，东南亚林邑国向唐玄宗进献大象。在那个年代，大象在中原是非常罕见的。因此，当大象走进长安城的时候，不管是官员还是百姓，都为之侧目。这一年的进士试题，也要求以此为题作一篇《越人献象赋》。

贡试的顺利给了杜甫极大的信心，他认为考取进士也会像之前那样顺利。他心高气傲到何等程度呢？前朝的那些文豪，屈原、贾谊、曹植都不被他放在眼里。然而，他大大低估了生活的艰难与世事的复杂，也不明白考取进士并不完全看人是否有才能。考生个人的家世、门第，主考官的抉择，都能够左右考试的结果。而且，唐代进士科考是最难的，三千名考生，最终录取的只有三十人左右。而杜甫考试的这一年，仅仅录取了二十七名进士。

在那个年代，官员只有很少一部分人出身进士，所以是否能考取进士对一个人的仕途并没有太大的影响，这与之前的朝代是完全不同的。所以，杜甫也没有把这次考试失利放在心上。他还年轻，他还有很多的时间和机会，不会因这次没考中而难过。

落榜后不久，杜甫便进行了第三次漫游。这一次他的目的地是齐赵地区，父亲杜闲正在那里做兖州司马。开元二十四年（736），杜甫从洛阳前往齐赵，也就是如今的山东、河北南部地区。这次漫游持续了四年多，一直到开元二十八年（740）年底才结束。在济南、泰安、兖州、济宁、曲阜等地，都能找到杜甫留下的足迹。

这次漫游同样是快乐而潇洒的，因此他在《壮游》中写下"放荡齐赵间，裘马颇清狂"的诗句。在这次漫游中，杜甫结识了他一生的好友苏源明，两人放鹰纵马，肆意游猎，纵情诗歌。两人主要活动在丛台、青丘，也就是如今的河北邯郸和山东广饶。可见，杜甫漫游的范围很大。

对于年轻人来说，漫游就是最好的良药。到这个时候，杜甫已经从一个体弱多病的少年，变成了一个性格坚强、身体强壮，甚至颇通武艺的青年。在一次游猎中，杜甫一箭便把天上的一只鸟射落下来，同行的苏源明盛赞杜甫的武艺，将他与晋代名将葛强媲美，又自比为山简。葛强正是山简麾下的爱将，从中看出苏源明是如何看待自己与杜甫之间的友谊的。苏源明与杜甫交好三十年，两人越难以相见，杜甫就越是思念苏源明。因此，在他的诗歌中，苏源明的名字屡屡出现。

在《八哀诗·故秘书少监武功苏公源明》中，杜甫简略地描述了苏源明："武功少也孤，徒步客徐兖。读书东岳中，十载考坟典。时下莱芜郭，忍饥浮云巇。"到了天宝十三载（754），杜甫与苏源明、郑虔等人交好，经常一起外出游玩。

可惜到了广德二年（764），关辅闹了饥荒，苏源明被饿死。因此，杜甫作了一首《哭台州郑司户苏少监》：

故旧谁怜我，平生郑与苏。

存亡不重见，丧乱独前途。

豪俊何人在，文章扫地无。

羁游万里阔，凶问一年俱。

> ◆∽ 人物档案 ∽◆
>
> **苏源明**（？—约764），初名预，字弱夫，京兆武功（今陕西省咸阳市武功县附近）人，生平不详，中唐时期诗人，与杜甫交好。

> ◆∽ 人物档案 ∽◆
>
> **郑虔**（691—759），字趋庭，郑州荥泽县人，唐代文学家、书法家、画家。景云元年（710）进士及第，历任左监门录事参军、尚乘直长、太常寺协律郎、左青道率府长史、广文馆博士、著作郎等，安史之乱平定后被贬台州。乾元二年（759），病逝于台州官舍。在军事、医学和博物等方面都有建树，素养卓然，诗、书、画被唐玄宗称为"郑虔三绝"。

白首中原上，清秋大海隅。

夜台当北斗，泉路著东吴。

得罪台州去，时危弃硕儒。

移官蓬阁后，谷贵没潜夫。

流恸嗟何及，衔冤有是夫。

道消诗兴废，心息酒为徒。

许与才虽薄，追随迹未拘。

班扬名甚盛，嵇阮逸相须。

会取君臣合，宁铨品命殊。

贤良不必展，廊庙偶然趋。

胜决风尘际，功安造化炉。

从容拘旧学，惨澹阅阴符。

摆落嫌疑久，哀伤志力输。

俗依绵谷异，客对雪山孤。

童稚思诸子，交朋列友于。

情乖清酒送，望绝抚坟呼。

疟病餐巴水，疮痍老蜀都。

飘零迷哭处，天地日榛芜。

　　既然在山东漫游，就没有不到泰山的道理。在古代，泰山被认为是神明最多的山，所以来泰山漫游一番，近距离接触神明，是文人墨客最喜欢的事情之一。杜甫也未能免俗，抵达泰山时，他作下了一生当中不朽的名作《望岳》：

岱宗夫如何？齐鲁青未了。

造化钟神秀，阴阳割昏晓。

荡胸生层云，决眦入归鸟。

会当凌绝顶，一览众山小。

这首伟大的作品意境之高远，寓意之深刻，描写之生动，让无数描写、赞颂泰山的诗歌黯然失色，特别是"会当凌绝顶，一览众山小"这两句，每每读之，不禁让人胸中升起一股豪气。

时隔几年，杜甫父子终于在兖州会面了。相信看见儿子的杜闲是非常欣慰的，原本那个体弱多病的小孩，已经成为了英姿勃勃、文武双全的青年人了。在这段时间里，杜甫在父亲的照应下游览了济宁的许多地方。

唐朝时期，济宁被叫作任城，属于兖州管辖范围内。杜甫与任城主簿一起游览了南池，写下《与任城许主簿游南池》：

秋水通沟洫，城隅进小船。

晚凉看洗马，森木乱鸣蝉。

菱熟经时雨，蒲荒八月天。

晨朝降白露，遥忆旧青毡。

其中，"晚凉看洗马，森木乱鸣蝉"堪称佳句。如今济宁的南池公园还有杜甫的陵祠，就是为了纪念当年杜甫来此游览。

当时张玠也隐居在济宁，张玠是唐朝开国功臣刘文静的外孙，杜甫前去拜访他，还写下了《题张氏隐居二首》：

其一

春山无伴独相求，伐木丁丁山更幽。

涧道馀寒历冰雪，石门斜日到林丘。

不贪夜识金银气，远害朝看麋鹿游。

乘兴杳然迷出处，对君疑是泛虚舟。

其二

之子时相见，邀人晚兴留。

霁潭鳣发发，春草鹿呦呦。

杜酒偏劳劝，张梨不外求。

前村山路险，归醉每无愁。

其中"杜酒偏劳劝，张梨不外求"这两句可谓是引经据典，风趣幽默，知情识趣。

相传，酒是一个名叫杜康的人发明的。因此，他被称为酒神，也被用来代称美酒。至于杜康是谁，争议颇多。有人认为杜康可以追溯到黄帝时期，是为黄帝管理粮食的大臣。一次，杜康发现储存在山洞里的粮食多有腐烂，就将其转移到附近一个树洞中。一段时间后，树洞中渗出充满香气的液体，也就是酒。也有人认为，杜康就是夏朝君主少康，是他发明了酿酒技术。

杜酒指的是杜康酿造的酒，而张梨同样是一种名产。所以，这里说的就是杜家酿的酒还要主人相劝，而张公梨这种名产因为在张家，就不需要外求了。

张玠本人并未一直隐居，在安史之乱时期，他与其他隐士选择了截然不同的道路，杀死了叛军将领李廷伟，他的儿子张建封成了唐德宗时期的名臣。

除了张玠，杜甫在这次漫游中还认识了高适。两人相遇的地点，应该是在兖州附近的汶水。杜甫在《奉寄高常侍》中提到过："汶上相逢年颇多，飞腾无那故人何。"高适的《东平路作三首》与杜甫诗互相印证："扁舟向何处，吾爱汶阳中。"可见，两人是在开元二十七年（739）游览汶水的时候遇见的。之后杜甫与李白遇到高适时，杜、高二位已经是熟人了。

开元二十九年（741）杜甫回到了洛阳，又转而去了偃师。在偃师，埋葬着杜甫的先祖杜预和祖父杜审言。他就在家族墓地旁建造了一间土屋，以方便祭奠。开元二十九年（741）寒食节，杜甫写下了一篇《祭远祖当阳君文》。

此时杜甫经过两次远游，已经比之前要成熟许多，开始明确理想，有了担当。思考人生的下一步，已是势在必行。他的目标，就是继承先祖遗风，在文治武功上取得些成就。没过多久，洛阳又出现水灾。山东地区大雨连绵，杜甫的弟弟杜颖此时正在齐州担任主簿，负责河防，苦不堪言，因此，向杜甫写信诉苦。杜甫写了一首《临邑舍弟书至，苦雨，黄河泛溢，堤防之患，簿领所忧，因寄此诗，用宽其意》，用来宽慰弟弟：

二仪积风雨，百谷漏波涛。
闻道洪河坼，遥连沧海高。
职司忧悄悄，郡国诉嗷嗷。
舍弟卑栖邑，防川领簿曹。
尺书前日至，版筑不时操。
难假鼋鼍力，空瞻乌鹊毛。
燕南吹畎亩，济上没蓬蒿。
螺蚌满近郭，蛟螭乘九皋。
徐关深水府，碣石小秋毫。
白屋留孤树，青天失万艘。
吾衰同泛梗，利涉想蟠桃。
却倚天涯钓，犹能擎巨鳌。

这首诗记录了当时百姓遭遇水患的悲惨情况，但又充满积极向上的精神。

此时杜甫已年届三十，却还是孤身一个，而杜甫的弟弟杜颖，已经是地方上的官员了。难道杜甫不如弟弟杜颖？显然不是。有学者指出，杜甫的父亲杜闲此时已经去世，最后担任的官职是朝议大夫。按照唐朝官职制度，有一个儿子荫补做官。在一般的家庭，自然是要长子来做官的。杜甫应该是把这个机会让给了弟弟杜颖，可见杜甫对弟弟的一片爱惜之情。

在这段时间里，杜甫的亲人相继病逝。杜闲在开元二十九年（741）故去，杜甫三年守孝期还没过，他的二姑夫又病逝了。二姑在杜甫的童年、少年生活里扮演了非常重要的角色，二姑夫和父亲都是他最敬爱的人。因此，这两人的故去，让他万分悲痛。杜甫一边守孝，一边读书隐居，偶尔在洛阳、偃师周边活动。根据诗歌记载，他去宋之问的故居凭吊过。他在这一时间创作的诗歌充满悲伤寂寥，可见一系列亲人的故去对他造成了很大的影响，让他产生了悲观情绪。

悲观只是一时的，之后没多久，杜甫又创作了《夜宴左氏庄》：

林风纤月落，衣露净琴张。

暗水流花径，春星带草堂。

检书烧烛短，看剑引杯长。

诗罢闻吴咏，扁舟意不忘。

在诗歌当中，杜甫表达了渴望做出一番成就，不能埋没才华的想法。正是在这段时间里，杜甫结识了秘书监李令问和驸马郑潜曜。郑潜曜是郑虔的侄子，但此时杜甫还不认识郑虔。还要再等几年，两人才能结为挚友。

读而时思之

杜甫信心满满地参加贡试却名落孙山，随后他又开始了新一轮的漫游。杜甫这次的巡游地点是齐鲁大地，在游历中，他不断磨砺自己，愈发成熟，成长为一名优秀青年。

·初逢李白·

李白是才华横溢的，是渴望能一展才华的，但同样是桀骜不驯的。因为才华，他在长安做了一年多的供奉翰林，因为性格，他得罪了权贵和皇帝。天宝二年（743），李白被玄宗赐金放还。一个月后，杜甫在洛阳初次遇见了李白。

如今我们说起李白和杜甫的时候，马上脑海中会跳出诗仙和诗圣的称呼。两人的诗歌各有特色，成就不分伯仲，地位并驾齐驱、至高无上。但是，在两人初次会面的时候，地位却截然不同。杜甫此时刚刚三十出头，而李白却已经四十多岁了。杜甫还是个刚刚经历过两次漫游，刚刚成熟起来的青年，李白却已是名满天下的诗人。李白写国书，有贵妃磨墨、力士脱靴，而杜甫连当官的滋味都还不知道。

杜甫曾在晚年时期写了《寄李十二白二十韵》：

李白（701—762），字太白，号青莲居士，祖籍陇西成纪（今甘肃省秦安县），出生于绵州昌隆县青莲乡。唐朝浪漫主义诗人，为人爽朗，乐于交友，爱好饮酒作诗，曾任翰林学士，后被赐金放还。著有《李太白集》，留下众多脍炙人口的诗歌作品，具有很高的艺术水平。被后世誉为"诗仙"，与诗圣杜甫并称"李杜"。

昔年有狂客，号尔谪仙人。
笔落惊风雨，诗成泣鬼神。

声名从此大，汩没一朝伸。

文彩承殊渥，流传必绝伦。

龙舟移棹晚，兽锦夺袍新。

白日来深殿，青云满后尘。

乞归优诏许，遇我宿心亲。

未负幽栖志，兼全宠辱身。

剧谈怜野逸，嗜酒见天真。

醉舞梁园夜，行歌泗水春。

才高心不展，道屈善无邻。

处士祢衡俊，诸生原宪贫。

稻粱求未足，薏苡谤何频。

五岭炎蒸地，三危放逐臣。

几年遭鹏鸟，独泣向麒麟。

苏武先还汉，黄公岂事秦。

楚筵辞醴日，梁狱上书辰。

已用当时法，谁将此义陈。

老吟秋月下，病起暮江滨。

莫怪恩波隔，乘槎与问津。

诗中讲述了他对李白的钦佩，也提到当年李白在长安的盛名。就连被称为"狂人"的贺知章，也要称李白一声谪仙人。

李杜二人年龄上的差距、名气上的差距、地位上的差距，都没能成为两人交往的阻碍。就文学才华来讲，两人才是当时最佳的知音、知己。此时的杜甫对于朝廷、对于官场、对于皇帝，还怀抱着满腔的热情，希望能通过努力改变现状。而李白则在为官的一年里，看清了晚年玄宗的昏聩，这个朝廷的腐败，官员们的无能。因此，在离开长安后，李白创作了三首《行路难》表达自己内心的失望和消极情绪。
恐怕只有求仙问道，才是消除他烦恼的唯一通路。

　　李白遇到了杜甫这样的知己，又见他如此天真，如何能忍住自己
倾诉的欲望呢？于是，他将自己这一年多里在长安的所见所闻，尽数
倾吐给了杜甫。而杜甫则投桃报李，向李白讲述了自己在洛阳生活的
想法与感受，写成了一首《赠李白》：

　　　二年客东都，所历厌机巧。
　　　野人对膻腥，蔬食常不饱。
　　　岂无青精饭，使我颜色好。
　　　苦乏大药资，山林迹如扫。
　　　李侯金闺彦，脱身事幽讨。
　　　亦有梁宋游，方期拾瑶草。

诗歌当中杜甫表达了对这个世道深深的失望，而让他改变想法的，正是李白的见闻。杜甫越发不想要入仕为官，他宁愿吃野菜，吃粗粮，也不愿意沾染上那些高门大户的气息。似乎与李白求仙问道，是比去长安走上朝堂更好的选择。李白去哪儿，他就愿意跟着去哪儿。

杜甫如果没有李白会走上一条怎样的道路？或许会入仕为官，避免晚年时期的悲惨经历。又或者因为他天真烂漫的性格，在朝堂上屡遭排挤，走上和李白的一样的道路，也有可能在李林甫、杨国忠等人的迫害下，不幸殒命。李白的出现，彻底改变了杜甫的人生轨迹。

李白与杜甫定下了同游梁宋的计划，但没能立刻成行，因为杜甫的继祖母卢氏病逝了。杜甫要回家处理祖母的丧事，还要撰写墓志铭。李白则去了陈留，也就是如今的开封。两人不得已分开，一直靠着书信来往。

天宝三载（744），李白与杜甫终于能够一起出游。当时的梁宋地区十分繁华，商业非常发达，侠义之风盛行。李杜二人在游览中又遇到了高适，三位唐朝大诗人同行成为了中国文学史上的一段佳话，许多后代名士对此羡慕不已。清代王士禛就曾在《池北偶谈》中说，每每想到高适、李白、杜甫，同登吹台，恨不得也加入进去，哪怕做个杂役也好。

李白、杜甫、高适三人游览名胜，谈古论今，射猎游宴，切磋诗文，何其惬意。这段美好的经历让杜甫终生难忘，在晚年时候他常常提起这段往事。

侠客精神总是能让年轻人热血沸腾，今天人们虽早已远离了那个时代，却还是对侠客二字心神往之，更何况在唐代，侠客精神就在他们身边。杜甫、李白、高适，三人在年轻时都曾有过仗剑走天下，行侠仗义的经历。李白《侠客行》中的"十步杀一人，千里不留行"就是在描写唐朝时期盛行的侠客精神。而杜甫《遣怀》同样有诗句："白刃雠不义，黄金倾有无。杀人红尘里，报答在斯须。"

提起李杜两人的来往，后人常满怀戏谑的为杜甫鸣不平：杜甫写了许多关于李白的诗歌，而李白却很少投桃报李。然而，对于这次游览，李白是非常看中的，留下了许多关于这次游览的诗歌，描述了一行三人轰轰烈烈、策马奔腾的潇洒快意。

李白在诗歌当中描写的时间、地点，与杜甫、高适同时期的诗歌遥相印证，从中我们可以得知，三人整个秋季都在梁宋一代游历。在秋季的尾声，高适与李白、杜甫分别，前往淮楚地区游历。而李白、杜甫二人则渡过黄河，前往王屋山寻访道士华盖君。王屋山是道教名山，山上有华盖峰，在道家典籍记载中也算是赫赫有名的地方。

杜甫和李白两人来到华盖峰，主要就是为了寻找那传说中的小有洞天。而原本打算寻访的华盖君已经仙逝，弟子们也纷纷离去，只留下了捣药的药尘和炼丹的灰烬。得知友人故去，又见山景寂静，庙宇萧条，两人不禁悲从中来，泪如雨下。但两人求仙问道的心思不绝，于是就打算再去衡阳寻访道人董炼师。

这趟旅程没能成行，毕竟衡阳距离梁宋很远。于是，李白就决定前往齐州寻找高天师，成为一名真正的道人。而杜甫则不一样，寻华盖君未果，让他对寻仙问道产生了些许怀疑，甚至还打算说服李白，让李白打消求仙问道的想法，遂作了第二首《赠李白》：

秋来相顾尚飘蓬，未就丹砂愧葛洪。
痛饮狂歌空度日，飞扬跋扈为谁雄？

即便是不想要求仙问道，与好友漫游依旧是一件快乐的事情。因此，从王屋山回来后，杜甫又开始筹备下一次的漫游，目的地是他曾经游览过的齐赵。

读而时思之

　　杜甫与李白，中国历史上伟大的两名诗人在洛阳相遇。此时杜甫年过而立，李白则比他年长十余岁；杜甫初出茅庐，而李白已经名满天下。但这并不是阻碍，二人迅速成为至交。杜甫有很多作品都是关于李白的，这也体现了他对李白的尊重与崇敬。

·再往齐赵走一遭·

　　天宝四载（745），杜甫再次与李白同行，前往济南。李白放弃求仙问道，与杜甫会面的主要原因是北海太守李邕和齐州司马李之芳的邀请。李邕是当时天下闻名的名士，不仅文章出众，书法也是罕有对手。更加让人钦佩的是，李邕性格刚正不阿，即便当时政治风气已经相当黑暗，他也全然不顾自身安危，敢说真话和实话，因此屡遭贬谪。

　　虽然在朝堂上，李邕不受喜爱，但在天下士林间，他却是士子们所敬仰的对象，杜甫也不例外。两人早在洛阳就已经认识，李邕很欣赏杜甫。杜甫曾在《奉赠韦左丞丈二十二韵》写下"李邕求识面，王翰愿卜邻"的诗句。

> **⌘ 人物档案 ⌘**
>
> 李邕（678—747），字泰和，鄂州江夏（今湖北武汉市江夏区）人，唐朝书法家。出身江夏李氏，博学多才。起家校书郎，迁左拾遗，转户部郎中，调殿中侍御史，迁括州刺史，转北海太守，史称"李北海""李括州"。后得罪奸臣李林甫，被杖死。后追赠秘书监。

杜甫、李白在济南的经历是愉快的，此次聚会可谓是高朋满座，觥筹交错。杜甫为了记录该场景，创作了一首《陪李北海宴历下亭》：

> 东藩驻皂盖，北渚凌青荷。
> 海右此亭古，济南名士多。
> 云山已发兴，玉佩仍当歌。
> 修竹不受暑，交流空涌波。
> 蕴真惬所遇，落日将如何。
> 贵贱俱物役，从公难重过。

"海右此亭古，济南名士多"成为歌颂济南的名联，至今仍能在大明湖历下亭看到。但是，根据学者考证，如今的历下亭和唐朝时期的历下亭并不是同一个，更不在同一个地方。该亭为齐州司马李之芳所建，而名士们聚集的缘由之一就是庆祝新亭落成。既然众人是为新亭而来，又如何能不留下歌颂新亭的文章呢？杜甫就作了《同李太守

登历下古城员外新亭亭对鹊湖》：

> 新亭结构罢，隐见清湖阴。
>
> 迹籍台观旧，气溟海岳深。
>
> 圆荷想自昔，遗堞感至今。
>
> 芳宴此时具，哀丝千古心。
>
> 主称寿尊客，筵秩宴北林。
>
> 不阻蓬荜兴，得兼梁甫吟。

　　这场群星荟萃的聚会说尽了盛唐的风流，只可惜这样的盛事没有再次上演。人非圣贤，孰能无过？李邕也不例外。在陈州任上的时候，李邕就自命不凡，经常大包大揽，用公款去做其他的事情，更放出豪言说自己有宰相之才。当时的中书令张说对于李邕的话很是不满，并且他也颇有文才。自古以来都是文人相轻，张说便把李邕公款私用的事情查了出来，将他投入大狱。幸好当时有个名叫孔璋的官员上了奏疏为他求情，这篇奏疏文采极佳，深得玄宗喜爱，这才让李邕得以脱身。但孔璋却因为得罪了张说，被找了个理由流放岭南，最后抑郁而终。

　　孔璋曾劝说李邕，不要再做公款私用这样的事情。李邕的性格又如何肯听，再次把公款据为己有。李林甫是玄宗时期的大奸臣，他在武周时期就与武则天的面首张氏兄弟交好。李邕当时曾指责过张氏兄弟以公谋私，因此得罪了李林甫。之后，他的岳父杜有邻又与李林甫的亲信柳迹有矛盾，李林甫就诬陷杜有邻勾结东宫，诽谤皇帝，李邕也被打成同党。再加上挪用公款和柳迹编造的行贿罪名，李邕居然在七十岁生日那天被李林甫派人活活打死。杜甫在晚年时期创作的《八哀诗》，其中就有一首是写给李邕的。

杜甫的下一站是济南，因为他的弟弟杜颖就在临邑担任主簿。几个月后，他又前往兖州探望亲友。李白的亲人一直居住在济宁，距离很近。杜甫就又去济宁寻找李白。在这段时间里，两人把臂同游，饮酒作乐，终日讨论诗文。在此期间，杜甫多次表达出想要避世隐居的想法。因此，两人经常去寻访很有名望的隐士，或者访问隐士的故居。二人首先想要拜访的就是著名隐士范十的故居。

除了范十隐居处，两人还寻访过北郭先生，去东蒙山寻访董炼师和元逸人，并为这两段经历写下了诗歌。但是，从这些诗歌也能看出来，只要杜甫与李白在一起，就不可避免的要与李白一起寻访隐士，寻访道士，求仙问道。杜甫已经怀疑求仙问道的可行性，但仍然乐在其中。可见，只要与李白一起，他做什么都是无所谓的。

天下无不散之宴席，秋去冬来的时候，杜甫要与李白分别，回到洛阳了，李白则要继续向江东游览。两人在山东分别，李白罕见地写下了专门送给杜甫的诗歌《鲁郡东石门送杜二甫》，回到沙丘城不久，李白又作了一首《沙丘城下寄杜甫》。

沙丘城就在兖州治下，李白回到沙丘城后，眼下的生活又让他想起与杜甫来往的点点滴滴。杜甫向来珍惜与李白的友谊，李白写诗表达自己的依依不舍，杜甫又怎能毫无表示？杜甫连续写了十几首诗回忆那段美好的经历，甚至在梦中见到李白，都要作首诗歌表达自己的感情。可见，这份友情是何其深厚、真挚。

杜甫与李白的友谊无疑是中国文学史上最为美妙的佳话之一。二人在鲁郡东石门分别后，终生未再相见。

在杜甫的笔下，李白是才华横溢的，是英俊挺拔的，是气度潇洒的。甚至可以说，我们对李白形象的塑造，许多要素都来自于杜甫的诗歌。李白为杜甫创作的诗歌少之又少，即便是有，也只是追忆两人美好的过往，讲述两人真挚的友谊，鲜有对杜甫的称赞。甚至还出现了一首《戏赠杜甫》：

> 饭颗山头逢杜甫，顶戴笠子日卓午。
>
> 借问别来太瘦生，总为从前作诗苦。

关于这首诗，争议很多。有人认为，这首诗是李白戏谑杜甫作诗太慢。有人认为，这是以开玩笑的语气表达与杜甫的亲近，本质上是为了表达对杜甫的想念。还有人认为，这首诗歌根本不是李白写的，是后人根据两人的性格、生平伪造的。

不论这首《戏赠杜甫》是否是真的，李白与杜甫深厚的感情都无可辩驳。虽然两人个性不同，生平不同，创作风格不同，写诗技巧不同，但硬要分出两人孰优孰劣，几乎不可能。在古代文学史上，李杜二人就如同照亮天空的双子星，缺了哪一个，都是中国文学历史上的巨大损失。

杜甫漫游梁宋，和再次漫游齐赵，都是与李白为伴。李白遭遇仕途上的失败，沉迷于求仙问道。不得不说，李白的思想对于杜甫产生了巨大的影响。杜甫曾一度放弃了入仕为官的想法，想要与李白结庐而居，终日漫游山林，饮酒作乐，谈论诗文。与李白分开后，杜甫结束了漫游，结束了裘马轻狂的生活，重拾了过去的理想，打算出仕做官，继承先祖的事业。

读而时思之

杜甫与李白一起游历天下，二人参加的聚会高朋满座，吸引了众多士人参与。官场失意的李白想要求仙问道，这对杜甫产生了一定的影响。之后二人分手，杜甫结束漫游，重拾以前的理想。

第三章

长安困·此身那得更无家

曲江陪郑八丈南史饮

杜甫

雀啄江头黄柳花，
鸬鹚鸂鶒满晴沙。
自知白发非春事，
且尽芳尊恋物华。
近侍即今难浪迹，
此身那得更无家。
丈人文力犹强健，
岂傍青门学种瓜。

·一场"野无遗贤"的闹剧·

天宝五载（746），杜甫从洛阳奔赴长安，为的就是继承家风，成为朝廷官员。刚刚抵达长安的他，就已经得到了汝阳王府、汉中王

府、郑驸马府的欢迎。可见，即便远在洛阳，长安城中还是流传着有关于杜甫的事情，杜甫已经有了声誉和名望。

汝阳王李琎与杜甫结交，主要是因为杜甫的祖父和祖母。夫妇二人分别是舒王李元名、义阳王李琮的后人，所以杜甫多少也与李氏皇亲有些关系。李琎的身份也很高贵，他的父亲是睿宗长子李宪，中宗复位后，韦皇后和女儿安乐公主勾结武三思发动叛乱。玄宗李隆基和太平公主发动政变，平定了韦后之乱，李宪主动将皇位让给玄宗。玄宗非常感激，对李宪的后人多有善待。

得到善待的李琎生活无忧无虑，喜欢饮酒和结交才子文人，与贺知章等人相交莫逆，经常结伴出游。因此，杜甫在写《饮中八仙歌》的时候把李琎也写了进去。晚年写《八哀诗》的时候，也有关于李琎的一篇，用来感谢李琎的知遇之恩。除了李琎，杜甫还与汉中王李瑀相交莫逆，杜甫将其称之为"海内忘形故人"。

可惜的是，杜甫想要做官，结交的这些皇族也没办法帮上忙，他们只能帮杜甫提高声望。以杜甫的情况，科举还是要参加的。此时的杜甫与当年不同，除了阅读大量的书籍外，还在数年的游历中增长了见闻，积累了经验，对于民间也有了更多的认识与看法。既做到了读万卷书，又做到了行万里路。因此，此次他更有自信，认为金榜题名是十拿九稳的事情。天宝五载（746）的除夕夜，杜甫心情愉悦地在长安度过，他整夜纵酒豪赌，甚至输了很多钱，但觉得大好前途就在眼前，所以满不在乎。

天宝六载（747），唐玄宗宣布开科举。这一次的科举与以往不同，之前的科举对于考生年龄和出身都有着严格的要求。首先考生必须要年满十八周岁，其次是要在之前乡试中取得成绩或者得到名士推荐。而这一次，没有任何条件，不论年龄，不问出身，只要是在文学艺术方面有特长的人，都能参加。

既然唐玄宗放开了限制，那么想要通过科举考试改变人生的才子们便汇聚到了长安城，每个人都如杜甫一样信心满满。但此时的大唐，情况和之前早已不同。玄宗经历了大唐盛世，早已骄傲自满，展露出昏庸的一面。他沉迷于求神拜佛、声色犬马。朝政把持在李林甫等奸臣手中，他一直以为天下就如同之前几年一样太平，国家富庶，边关安稳。

实际上，李林甫无德无才，只会拍马屁哄玄宗开心。在朝堂上，他排斥贤臣，阻塞言路，独揽大权。在边关，任用胡将、番将，任由兵权落在外族手中，为安

⚜ 人物档案 ⚜

李林甫（683—753），小字哥奴，祖籍陇西，唐朝宰相。出身唐朝宗室郇王房，起家千牛直长，历任太子中允、太子谕德、国子司业等职，开元二十三年（735）以礼部尚书之职拜相，加授同中书门下三品，次年（736）又代张九龄为中书令（右相），后封晋国公，兼尚书左仆射。大权独握，蔽塞言路，排斥贤才，败坏朝纲，又建议重用胡将，让安禄山势力壮大，为安史之乱埋下祸根。死后追赠太尉、扬州大都督。后被杨国忠诬告谋反，遭削官改葬，抄没家产，子孙流放。

史之乱埋下了隐患。

李林甫曾对众大臣说过，有明君在上，大臣不要多嘴。那些负责仪仗的马，默不作声的就能享受三品马料，敢叫一声就会被废斥不用，到时候只能追悔莫及。

即便是威胁过官员们，他还是不放心。朝堂上忠诚正直的，纷纷遭到他的排挤、暗杀，以免有人在皇帝面前说他的坏话。那些攀附于他，对他忠心的，不论才德，都会得到任用。此次科举，唐玄宗放开了限制，希望能广纳天下贤才。这些贤才里，会不会有人对唐玄宗多嘴呢？会不会有人指出他的问题呢？特别是有些考卷玄宗要亲自过目，会不会有人趁机写些关于他的坏话呢？

李林甫怀着这样的心思主持科举，怎么可能让考生被录取？他对玄宗说，士子们哪有什么贤才，不过是些卑贱愚聩的人，胡言乱语会扰乱圣听。随后，他要求各地严格筛选，将优秀者送到京城。抵达京城后，再由尚书省考察。最后，黜落全部的士子。这样一来，就不会有任何一份考卷送到玄宗手上。

眼见此次科举没有一人被选中，李林甫居然大言不惭地告诉玄宗："恭喜陛下，野无遗贤。"也就是说，所有的贤才都被收进朝堂之中，民间一个都没有了。唐玄宗居然相信了李林甫的鬼话，一场规模浩大的科举考试，以闹剧的方式结束了。而此次参加科举的杜甫，自然也被黜落了。

此次科举的受害者众多，有人悲愤难当，写下文章怒斥李林甫。例如，河南鲁山的元结，他就曾在《喻友》中毫不遮掩地将李林甫做出的丑事指出。六年后，元结才中了进士。后来，他在安史之乱中招募义兵，抗击叛军，保全一方。到唐代宗时期，他成为了道州刺史，封疆大吏。而杜甫呢，他没有元结的勇气和胆量。面对李林甫压制人才的行为，他选择了退缩。直到天宝十一载（752），他才敢写一首

《奉赠鲜于京兆二十韵》来表达自己的不满：

王国称多士，贤良复几人。

异才应间出，爽气必殊伦。

始见张京兆，宜居汉近臣。

骅骝开道路，雕鹗离风尘。

侯伯知何等，文章实致身。

奋飞超等级，容易失沈沦。

脱略磻溪钓，操持郢匠斤。

云霄今已逼，台衮更谁亲。

凤穴雏皆好，龙门客又新。

义声纷感激，败绩自逡巡。

途远欲何向，天高难重陈。

学诗犹孺子，乡赋念嘉宾。

不得同晁错，吁嗟后郤诜。

计疏疑翰墨，时过忆松筠。

献纳纡皇眷，中间谒紫宸。

且随诸彦集，方凯薄才伸。

破胆遭前政，阴谋独秉钧。

微生沾忌刻，万事益酸辛。

交合丹青地，恩倾雨露辰。

有儒愁饿死，早晚报平津。

科举的失利让杜甫很是失望，他并非不能接受自己才能不够，没能金榜题名，笑话般的落榜，给了他沉重的打击。因此，杜甫放弃了参加科举，打算得到达官贵人的推荐。在落榜后，杜甫便终日周旋于达官显贵之中。这些人有的是他的亲戚，有些是他的同学，有些是家族世交。只要他认为对方的官身能为他带来帮助，他都无不攀附。但是，通过达官显贵的推荐成为一名官员，真的是那么容易的吗？

读而时思之

> 杜甫抵达长安，想要在朝内做官。杜甫依然要参加考试，这次他更加成熟，积累了更多经验，中举看起来是十拿九稳的事情。然而，由于奸相李林甫从中作梗，杜甫依然没有实现自己的梦想。

·又是一场空欢喜·

杜甫在权贵中周旋了几年，并没有什么结果。等到天宝九载（750），一个机会突然出现在了杜甫的面前。

唐朝统治者为了巩固自己的统治，宣称老子李耳是他们的祖宗，而老子是道教的创始人，所以在唐朝，道教拥有非常崇高的地位。这一年，有个名叫王玄翼的道士称见到了老子，并且在宝仙洞里发现一本名叫《庙宝真符》的奇书。玄宗笃信道教，马上就派人去找，结果还真找到了。为了庆祝找到奇书，玄宗决定在长安南郊举行一次盛大的祭典。

天宝十载（751）正月，从初八到初十，三天内举办了祭祀玄元皇帝、太庙和天地的三场典礼。祭典就需要有诗赋来共襄盛典，每次大型祭典都是文人墨客们展现自己才能的机会。典礼非常盛大，杜甫

决定在此期间做一些诗歌，献给李隆基。要是能得到皇帝的赏识，获得官职就顺理成章了。杜甫先后写了《朝献太清宫赋》《朝享太庙赋》《有事于南郊赋》。

这三篇礼赋凝聚了杜甫的才华与智慧，玄宗对此非常惊讶，于是就把文章交给朝廷中其他官员欣赏。在崔国辅、于休烈等学士的举荐下，杜甫获得了参加集贤院考试的机会。如果能通过，就能获得官职了。

杜甫的奇文很快就传遍了整个长安，不管是成名的文人还是各院学子，都对杜甫的文章啧啧称奇，杜甫也深感荣幸。但是，这场皇帝钦点、宰相出题的考试，并没有让杜甫成为一名官员。因为，最终审查试卷的还是李林甫。

既然李林甫已经说过野无遗贤，又怎么能打自己脸，承认在乡野之间有杜甫这样一颗被遗落的明珠呢？于是，李林甫连看都没看，就把杜甫的试卷扔掉了。杜甫还期待着满腹的才华能为自己求来一官半职，满怀期待地等着考试结果。没想到，他等来的只是朝廷的肯定，只是获得一个成为候选官吏的资格。至于什么时候能正式拥有一官半职，尚未可知。

杜甫作了三篇奇文雄赋，最终只换来一个候补官吏的资格，这并没有打消他的雄心壮志。随后，他选择了另外一条道路，那就是投赠干谒。投赠干谒，指的是向皇亲国戚、高官显贵，以及其他有能力举荐官员的人投赠诗篇，以求得到援引。而想要获得这些人的肯定，难免要说些吹捧、口不应心的话。杜甫为了能走上仕途，便咬着牙，开始向有可能举荐他的人投赠干谒。

早在天宝七载（748）杜甫就曾经做过尝试。他向与他有通家之好的河南尹韦济投诗，可惜韦济的祖父虽曾做过宰相，他本人并没有太大的权力。即便是韦济非常欣赏杜甫的才华，也没能在通往仕途的道路上帮到杜甫。杜甫在投赠的诗歌中极力赞美韦济的家世尊荣、才德文翰，将自己描述得穷困潦倒，希望能得到对方的帮助。

之后，杜甫又投诗给宰相张说的次子张垍。张垍是驸马都尉，位居翰林学士，与皇家关系很近，颇通诗文。在杜甫的投诗中，他称赞张垍"鲸力破沧溟"，就张垍的才能来说，根本承担不起如此赞誉。一篇好诗没能打动张垍，杜甫又把目光投向了谏议大夫郑审。

杜甫在诗歌当中盛赞郑审的诗才，称郑审的诗歌巧夺天工，可惜的是郑审并没有什么诗歌流传下来。因此，也无法判断郑审是否担得起杜甫的赞誉。在诗歌当中，杜甫讲述了自己因为性格耿直，不得长安权贵赏识，希望郑审能遵守之前的承诺，援引自己。但从结果来看，不管郑审答应过杜甫什么，最终都没有遵守承诺。

天宝十一载（752），李林甫病死，继任的是杨国忠，还是个大奸臣。杨国忠任命鲜于仲通为京兆尹，杨国忠名声虽差，鲜于仲通名声却不错。他仗义疏财，交朋好友，杜甫就希望鲜于仲通能为他援引，于是向鲜于仲通投诗。在诗歌当中，杜甫不仅极力称赞鲜于仲通，还顺带奉承了杨国忠几句。以至于清代诗人王渔洋研究杜甫诗歌的时候，发现杜甫曾对杨国忠阿谀奉承，勃然大怒，给杜甫打上了"无耻"的标签。

实际上，"无耻"的并非杜甫一人，唐朝时期的诗人投赠干谒的时候，必然要吹捧对方，这是为了施展政治抱负的无奈之举。杜甫这样做过，李白也做过，其他的诗人更不必说。

杜甫求援引不得的时候，他的好友高适获得了建功立业的机会，朝中名将哥舒翰的下属田梁丘将高适推荐给了哥舒翰。杜甫对玄宗好大喜功，穷兵黩武有许多质疑，但他同样希望能有这样的机会。于是，他开始投诗给田梁丘。田梁丘并没有像举荐高适一样举荐杜甫，杜甫在天宝十三载（754）干脆直接投诗给哥舒翰，希望哥舒翰能在返回边塞的

> **◆ 人物档案 ◆**
>
> **杨国忠**（？—756），本名杨钊，河中府永乐县（今山西省永济市）人。唐朝外戚、宰相，杨贵妃族兄。早年嗜酒赌博，不受家人待见，后从军，授新都县尉。族妹杨玉环得宠后，历任金吾兵曹参军、监察御史、度支员外郎兼侍御史、太府卿。李林甫去世后，担任检校右相兼管文部，册封卫国公。专权误国，败坏朝纲，与安禄山互相倾轧。天宝十五载（756年），跟随唐玄宗逃往蜀郡，在马嵬驿兵变中被乱兵所杀。

时候带上他。没想到，哥舒翰回到长安后就患病了，不再前往河西，杜甫前往边塞建功立业的想法也打了水漂。

投送给高官显贵的诗歌中，大多是吹捧对方的溢美之词，小部分是向对方哭诉自己的悲惨境遇，渴望对方能够怜悯。这些东西杜甫写得不少，却没有得到回报，走上仕途遥遥无期。因此，杜甫发出了"残杯与冷炙，到处潜悲辛"的叹息。他将自己的生活描述得非常悲惨，实际上，杜甫究竟过着怎样的日子呢？

读而时思之

　　杜甫通过一个机遇得到大家的赏识，又获得了实现梦想的机会，结果梦想又被李林甫给扼杀了。正道不通，杜甫甚至动了其他的心思：比如依附朝中得势者以求上位。最终结果是，攀附权贵依然没得到机会。

·十年蹉跎已折腰·

　　杜甫壮游的时间长达十年，在这十年里，他的家境逐渐衰落，这也是他投赠干谒的时候总是将自己描写得十分可怜的原因，特别是在三十岁的时候，杜甫迎娶了出身书香门第的杨婉小姐，孩子一个个出生，家庭越来越艰难。杜甫前往长安求官的时候，杨氏就在老家带孩子。

　　杨夫人虽是大家闺秀，却无怨无悔地为杜甫操持家务，抚养子女，非常贤惠。杜甫也深深地爱着妻子，现存杜甫写给夫人的情诗，共有二十几首。直到天宝十载（751），杜甫得友人资助，在长安南郊少陵塬处盖了几间房子，这才算是结束了流浪，有了稳定的居所，有了将妻儿接到身边的资本。这几间房子，就是如今的少陵草堂。

　　十年了，杜甫终于能与妻儿长相厮守，自然是喜不自胜。但是，现实的问题仍没解决。杜甫没有谋到一官半职，坐吃山空之下，日子愈发拮据。一日，他的朋友到他家做客，见杜甫的妻子杨氏打扮非常寒酸，就叫自己的妻子连夜送来一副头饰给杨氏。这让杜甫既感激，

又心酸。

　　这一年的秋天，一场持续了两个多月的大雨，让这个本就不富裕的家庭雪上加霜。杜甫当时正在长安城内借宿，据他在诗歌当中的记载，深深的积水蔓延到了门前，就连床榻旁都长出了青苔。面对此情此景，杜甫不禁回想起之前因为诗赋受到玄宗赏识的时候。许多人都觉得杜甫要飞黄腾达了，争相巴结他。随着时间渐渐流逝，杜甫始终没有飞黄腾达，这些所谓的朋友也不找他了。眼见生活过不下去了，杜甫只好把刚刚团聚不久的妻儿送往妻子的族亲所在的奉先，他则继续留在长安。

　　面对这样的世态炎凉，过着穷困潦倒的生活，杜甫为了生存，不得不终日出入于显贵之家。在席间，他强颜欢笑，陪他们饮酒，时不时献上一些诗赋，用来获取他们的怜悯，取得一点维持生活的财物。仅仅凭着显贵们的施舍，日子依旧过得捉襟见肘。因此，杜甫也经常上山采药，换取微薄的报酬。在这段时间里，杜甫依旧在投赠干谒，谋求官职。

　　杜甫有个族孙名叫杜济，也住在长安，家境尚可。杜甫常常到族孙家里打秋风，混口饭吃。对于这个穷困潦倒的亲戚，杜济并不欢迎。虽然嘴上不说，但每当杜甫到来，他就摔摔打打，弄出声音以表达不满。为此，杜甫作了一首《示从孙济》，表达自己内心的悲伤和感慨：

　　　　　平明跨驴出，未知适谁门。

　　　　　权门多噂嗒，且复寻诸孙。

　　　　　诸孙贫无事，宅舍如荒村。

　　　　　堂前自生竹，堂后自生萱。

　　　　　萱草秋已死，竹枝霜不蕃。

　　　　　淘米少汲水，汲多井水浑。

　　　　　刈葵莫放手，放手伤葵根。

　　　　　阿翁懒惰久，觉儿行步奔。

　　　　　所来为宗族，亦不为盘飧。

　　　　　小人利口实，薄俗难可论。

　　　　　勿受外嫌猜，同姓古所敦。

　　天宝十三载（754），距离杜甫成为候补官吏已过三年，在这一年杜甫就应该被授予官职。但杜甫依旧没有被授予官职，或许与这一年秋天，杜甫生的一场重病有关。长期的营养不良，糟糕的生活环境，让本就虚弱的他染上了疟疾。与病魔抗争了三个多月，他才度过难关。此时人已经瘦得皮包骨头，看着十分悲惨。

　　杜甫的邻居名叫王倚，此人并非是杜甫过去结交的那些文人才子。他不通文墨，对于那些酸词完全不感兴趣。一日，王倚见到杜甫面黄肌瘦，摇摇晃晃的样子，就把杜甫接到自己家里，拿出为数不多的钱给杜甫置办了一顿好饭。这位王倚与杜甫不过是泛泛之交，却能为他做这样的事情，比杜甫圈子里遇到的那些"朋友"强百倍。杜甫为这一顿好饭，为王倚写了一首诗。奈何王倚不懂词赋，杜甫只好将这首诗写得非常浅显，以便王倚理解。

天宝十四载（755），杜甫终于获得了一个官职，前往河西做县尉。县尉是个品级很小的官员，在唐朝，县尉主要负责统领当地衙门的兵士，安定治安，追查案件。若是在政治环境比较清明的时代，县尉可以说是保一方平安的官职。但在玄宗统治末年，政治风气已经非常腐败了。各地官员欺压百姓，贪污腐败，已是常态。因此，县尉也就成为了县令镇压百姓的工具。

杜甫的朋友高适曾在封丘做过县尉，根据高适写的《封丘作》，他要在满心无奈的情况下，对上官溜须拍马，对黎民百姓挥舞鞭子。这样的事情哪里是正直的人能坚持做下去的呢？因此，高适满心期待着能隐居田园，远离世事。杜甫此时已经四十多岁了，哪里不明白县尉这个工作是干什么的。于是，杜甫以"凄凉折腰"为由，拒绝了去河西做县尉。

之后，朝廷又为杜甫安排了第二个官职。至于这个官职是什么，历来有些争议。有记载说是右卫率府兵曹，也有记载说是右卫率府胄曹参军。这两者都是从八品的小官，无非是在职责上略有差异。右卫率府兵曹的记载出自于杜甫自己所作的《官定后戏赠》的自注，这份工作主要是看守存放甲胄的库房，负责开门、锁门。因此，杜甫常常被士兵们呼来喝去。

杜甫丝毫不以为忤，此时的他早已遍尝人间冷暖，看尽世态炎凉。这个小小的官职虽无法让他实现任何政治抱负，但能为他增加些许进账，让妻儿吃饱穿暖。于是，杜甫决定在上任之前，先去奉先看看妻儿。

读而时思之

十年的光阴里，杜甫仕途不顺，而勤劳的妻子是他唯一的依靠。但现实情况是，杜甫因为没有得到官职而使家里穷困潦倒，日子十分拮据。为了生活，杜甫靠着别人的施舍以及自己上山采药，维系着艰难的生活。后来，杜甫终于得到了官职……

·痛失幼子·

天宝十四载（755）十一月的一个夜里，杜甫披星戴月，从长安前往奉先。此时已是初冬，百草凋零，杜甫却只穿着一件单薄的长袍，匆匆赶往妻子借住的亲戚家。没想到，迎接杜甫的并不是妻子的笑脸和儿子的拥抱，而是妻子肝肠寸断的哭声。原来，由于家境贫困，妻儿早已断粮了。杜甫不满周岁、尚未取名的小儿子，居然被活活饿死。

儿子的死让杜甫悲痛欲绝，他娶妻生子，却从没想过连儿子都养不活。回想起自己从长安到奉先一路的见闻，才醒悟自己的贫困并不是偶然现象。大唐盛世已去，百姓的日子越来越苦。但杜甫没想到的是，天下就要大乱了。

天下大乱的种子其实早在盛唐时期就已经埋下了，一个叫安禄山的人正在大唐边境悄悄地崛起。此人原本姓康，父亲是康国人，母亲是突厥人。相传，安禄山的母亲向战神山祈祷，之后才生下了安禄山。安禄山的父亲死的很早，他的母亲在部落里以占卜为生。后来，他的母亲嫁给了安延偃，这才将他改姓安。安禄山从小在突厥部落长大，因此马上功夫极好。他有个相交莫逆的伙伴，名叫阿史那·崒干，也就是后来的史思明。

安禄山和史思明头脑聪慧，通晓多种语言，在幽州边境上做"互市牙郎"，也就是为两边想要做生意，但语言不通的人做翻译。久而久之安禄山不满足于平庸的生活，打算捞点儿"偏门"。

由于安禄山通晓多种语言，又认识商人，他手中的货物往往能快速出手。因此，偷窃牲畜倒卖，当个贼，销赃要比旁人方便得多。一天夜里，安禄山正在一门心思地偷羊，突然被人打晕。第二天，他就出现在了幽州节度使张守珪的公堂之上。

按照唐朝律法，安禄山应该被乱棍打死。就在行刑之前，安禄山却告诉张守珪，他有对付契丹部落的办法。张守珪驻守幽州的主要目的就是对付契丹和奚这两个部落，于是就赦免了安禄山，让他在军中做了捉生将。

安禄山聪颖，屡立战功，在张守珪的推荐下，节节高升，没多久就成了平卢节度使。再加上安禄山贿赂玄宗身边的近臣，对玄宗的喜

好了如指掌，深得玄宗喜爱。即便是宰相张九龄看出安禄山狼子野心，数次想要除掉他，都因为玄宗的干预而纵虎归山。

到了天宝十载（751），安禄山居然已经是平卢、范阳、河东三道的节度使了。他统兵十几万，几乎是整个大唐三分之一的兵力。此时玄宗已经老迈，统治愈发昏聩，安禄山有了狼子野心。幸好安禄山畏惧奸臣李林甫，不敢露出真面目。李林甫死后，安禄山与继任的杨国忠关系不和。但在玄宗的庇佑下，安禄山数次化险为夷。

天宝十四载（755）十一月，安禄山、史思明从范阳举兵，声称是奉玄宗旨意清君侧，讨伐杨国忠。同时，他们还策动室韦、契丹、奚等部落一起叛乱。而此时的杜甫，刚刚从奉先回到长安，对将要发生的大乱一无所知。

杜甫经历了丧子之痛，独自一人返回了长安。天宝十五载（756）除夕，杜甫还在没心没肺地与长安新交的朋友苏端、薛复、薛华等人

第三章　长安困·此身那得更无家

纵酒高歌。正月底，他与好友外出游览。根据此时所作的诗来看，杜甫认为安禄山和史思明的叛乱不过是小麻烦而已。朝廷想要平息叛乱，不过是举手之劳。即便会发生旷日持久的战争，也不会影响到都城长安。

四个月后，安禄山的叛军逼近潼关，长安城中开始出现叛军要攻破长安的谣言，杜甫也担心起来。毕竟妻儿都在奉先，要是潼关被攻破，那就危险了。杜甫赶紧去奉先接上妻儿，向北逃难。杜甫的远房舅舅就在白水县做县尉，他好心地收留了杜甫一家，杜甫只能写了一首《白水县崔少府十九翁高斋三十韵》作为答谢。

潼关历来是中原的重要门户，这里易守难攻，是消磨叛军有生力量的好地方。

人物档案

史思明（703—761），字崒干，宁夷州（今辽宁省朝阳市）人，突厥族。出身西域史国，懂晓六蕃语言。天宝初年授平卢军知事，辅佐安禄山讨伐奚和契丹，迁平卢军兵马使。天宝十四载（755），率军平定河北，署范阳节度使。乾元元年（758）暂降唐廷，授河北节度使、归义郡王。后因为唐肃宗猜忌再度起兵，攻破魏州，自称大圣周王，年号应天。乾元二年（759），杀死安庆绪，即大燕皇帝位，建都范阳，年号顺天。唐肃宗上元二年（761年），为儿子史朝义所杀，谥号昭武皇帝。

但是，能左右战争走向的并不只是交战双方的兵力，还有政治因素。宰相杨国忠与大将哥舒翰起了争执，双方关系非常紧张。哥舒翰的一个下属建议他留三万兵把守潼关，他去长安杀死杨国忠。这样既可以缓解百姓对朝廷的不满，又能够消除安禄山清君侧的借口。哥舒翰没有答应。随后，又有人建议哥舒翰派人把杨国忠绑到潼关处斩，哥舒翰以大局为重，依旧没有答应。

哥舒翰虽说不上光明磊落，却也不愿意做这些形同造反的事情。而小人杨国忠，对哥舒翰不管如何防备都不为过。他担心哥舒翰手握兵权，会对自己下手，便向玄宗建议，招募两支部队拱卫长安。玄宗答应了，杨国忠便招募了两支军队，由亲信统领，防备哥舒翰。

杨国忠有了自保的能力，便开始从政治上对哥舒翰发动攻击。他上奏玄宗，说哥舒翰在潼关按兵不动，消极怠战。玄宗信以为真，派使者到潼关逼迫哥舒翰出兵。哥舒翰被逼之下，不得不出战。几天后，哥舒翰的二十万大军兵败灵宝西原，几乎全军覆没，潼关也只好让给了叛军。哥舒翰被部下劫持到叛军处，囚禁在洛阳。

　　作为中原门户的潼关落在了叛军手中，周边各州的军队纷纷投降叛军，其中就包括杜甫避难的同州。同州距离潼关仅有四百余里，情况十分危机。百姓为了不落入叛军之手，纷纷逃难，其中就包括杜甫全家。当时情况非常混乱，拥挤的人流很快就把杜甫与家人分隔开来，他的坐骑也被抢走。

　　幸好杜甫的表侄是个善良的人，对杜甫十分尊重。发现杜甫与大家走散后，赶紧四处寻找。逆着人群走出十余里，这才找到了杜甫。他让杜甫骑在自己的马上，一边牵马，一边持刀护卫，帮杜甫追上了家人。要是没有这位名叫王砅的表侄，杜甫恐怕要死在这兵荒马乱之中了。

> **读而时思之**
>
> 　　好不容易得到一官半职，却接到了幼子被活活饿死的噩耗，此时的杜甫，悲痛之心溢于言表。此时的唐朝早已不再是盛世，而是危机四伏。安史之乱的火种，已经蔓延开来……

· 第四章 ·

战流离 · 青是烽烟白人骨

悲青坂

杜 甫

我军青坂在东门，天寒饮马太白窟。
黄头奚儿日向西，数骑弯弓敢驰突。
山雪河冰野萧瑟，青是烽烟白人骨。
焉得附书与我军，忍待明年莫仓卒。

◆ 艰辛的避祸之路 ◆

　　杜甫与家人会合，但逃亡之路却远远没有结束。杜甫一家本就缺衣少食，如今又在逃难，自然只能风餐露宿，颠沛流离。没多久，能吃的就都吃光了。杜甫还不懂事的小女儿饿得哇哇大哭，几天没吃东西，这个孩子的生命已经到了岌岌可危的地步。就在此时，哭声又吸引了附近野兽的注意力，一时之间虎啸狼嚎，不绝于耳。杜甫一家人赶紧逃离了落脚的地方，继续北上逃难。

福无双至，祸不单行。就在百姓们逃命的时候，连续下了几天的暴雨。大量的降雨导致山洪爆发，本就崎岖的道路也被冲毁。杜甫一家人只好冒着大雨，前往高处躲避。幸好此时已是初夏，并不算寒冷，否则这场雨就会要了这些老弱妇孺的性命。杜甫一家人就靠着在山上寻找野果勉强裹腹。到了夜里，全家人就挤在树下，瑟瑟发抖。

不知道过了多久，杜甫一家人来到了白水东北的彭衙，杜甫的好友孙宰就住在这里。当杜甫敲响孙宰家的门时，内心才稍稍放松下来。孙宰开门见到蓬头垢面、衣衫褴褛、面黄肌瘦的杜甫时，大吃一惊。他赶紧命人准备热水和茶饭，热情招待杜甫一家。杜甫对孙宰非常感激，一年后他在《彭衙行》中记载了这段经历：

忆昔避贼初，北走经险艰。

夜深彭衙道，月照白水山。

尽室久徒步，逢人多厚颜。

参差谷鸟吟，不见游子还。

痴女饥咬我，啼畏虎狼闻。

怀中掩其口，反侧声愈嗔。

小儿强解事，故索苦李餐。

一旬半雷雨，泥泞相牵攀。

既无御雨备，径滑衣又寒。

有时经契阔，竟日数里间。

野果充糇粮，卑枝成屋椽。

早行石上水，暮宿天边烟。

少留周家洼，欲出芦子关。

故人有孙宰，高义薄曾云。

延客已曛黑，张灯启重门。

暖汤濯我足，翦纸招我魂。

从此出妻孥，相视涕阑干。

众雏烂熳睡，唤起沾盘飧。

誓将与夫子，永结为弟昆。

遂空所坐堂，安居奉我欢。

谁肯艰难际，豁达露心肝。

别来岁月周，胡羯仍构患。

何当有翅翎，飞去堕尔前。

　　孙宰是个值得信任的朋友，但杜甫并不打算一直居住在这里。几天后，杜甫便带着家人继续北上。抵达三川县的时候，又遭遇了连日的暴雨天气。洪水泛滥，百姓流离失所。杜甫心忧朝廷，心忧百姓，战乱未熄，又有水患，但他能做的只有向上天祈祷。

　　水患退去后，杜甫绕过唐军与叛军交战的地方，花了两个多月的长途跋涉，在鄜州羌村暂时安顿下来。暂时过上了正常生活的杜甫怎么都想不到，此时的唐王朝已经发生了天翻地覆的变化。

　　叛军逼近长安，百姓要逃亡，皇帝也要逃亡。天宝十五载（756）六月十二日，唐玄宗带着杨贵妃和心腹官员，放弃了都城长安，放弃了大唐江山，放弃了子民，逃往西蜀避难。十四日，玄宗一行人抵达马嵬驿，变故发生了。

　　随行的将士们因为饥饿和疲劳，心生怨恨。禁军将领陈玄礼认为，天下之所以会乱成这个样子，都是因为奸臣杨国忠造成的。毕

竟，安禄山是打着杀杨国忠、清君侧的旗帜。于是，他就派人找到太子李亨。李亨犹豫不决，不敢做决定。这时候，又有二十几个吐蕃使节找到杨国忠，讨要食物。有士兵看到了，便大声喊："杨国忠勾结胡人要造反了！"接着，就有士兵拿起弓箭朝杨国忠射去。

杨国忠仓皇逃窜，但还是被士兵们抓住杀死，头颅就挂在西门外示众。随后，激愤的士兵们又杀死了杨国忠的儿子和他的两个姐妹。御史大夫魏方进怒斥士兵胆大妄为，也被杀红了眼的士兵们杀死。官员韦见素外出查看，幸好有人认为韦见素不算是奸臣，这才保住了性命。此时，士兵已将驿站团团围住，玄宗这才得知兵变的事。他劝说士兵撤走，士兵们却不肯，反而要求玄宗处死杨贵妃。

玄宗左右为难，在官员们与宦官高力士的劝说下，玄宗这才含着眼泪，命令高力士用生丝勒死杨贵妃。杨贵妃死后，军心稳定了下来。

杨氏兄妹死后，玄宗浑浑噩噩地带着剩下的人前往蜀地避难。在路上，张九龄当年说过的话不断萦绕在他的脑海，要是他能早一点发现安禄山的狼子野心，今天的状况会否有所不同？心爱的杨贵妃是不是就能活命了？大唐的江山是不是也不会动摇了？唐玄宗悔恨交加，但此时除了派人去张九龄的故乡祭奠、追赠官爵外，也没什么可做的了。

马嵬坡兵变爆发后，太子李亨就与玄宗分道扬镳了。李亨前往灵武，在灵武即位，是为肃宗，改元至德。至德这个年号来自于《孝经》，也就是说，肃宗把收复长安、洛阳，平息叛乱，把父亲接回都城，当成是最高目标，当成是对父亲玄宗最大的孝顺。有人说这是肃宗为讨好玄宗，让他的即位变得名正言顺的一种策略。毕竟他的登基并不合礼法，此时玄宗还活着，也没有宣布让位给太子。

肃宗登基一个月后，玄宗才知道消息。但此时的玄宗不管是身体状况还是精神状况，都不好。既然这样，顺水推舟把皇位让给儿子，何尝不可？于是，他就派遣官员带着玉玺、玉册，前往灵武。

肃宗登基对于唐王朝是一件大事，对于杜甫同样是一件大事。玄宗昏庸，奸臣独揽大权，百姓苦不堪言，这些杜甫都看在眼里。太子李亨即位，杜甫认为新的皇帝能带来新的气象。或许，朝廷的弊病会

人物档案

李亨（711—762），初名李嗣升，又名李浚、李玙、李绍，唐玄宗李隆基第三子，母为元献皇后杨氏，唐朝第八位皇帝。开元二十六年（738）被立为太子。安史之乱起，任天下兵马大元帅，领朔方、河东、平卢节度使，负责平叛。在马嵬坡与玄宗分道，北上至灵武。至德元载（756）七月十二日，在灵武即位。尊玄宗为太上皇。宝应元年（762）病死，庙号肃宗，谥号文明武德大圣大宣孝皇帝，葬于建陵。

因此一扫而空。更何况，杜甫的官职虽小，却是太子东宫的属官。如今太子登基，草创政府，也许杜甫有在老上司手下一展抱负的机会。

羌村是个好地方，留在羌村，就能和妻子、孩子们过上安稳的生活。但现在有机会为国效力，有机会帮助新朝廷改变国家的现状，能让天下更多人过上安稳的生活。杜甫经过痛苦的挣扎，最终决定离开妻儿，放弃安稳的生活，前往灵武，报效国家。

> **读而时思之**
>
> 安史之乱爆发，杜甫携妻儿逃亡躲避战乱。一路上杜甫历经艰难险阻，好不容易才安顿下来。玄宗西逃，太子李亨登基，杜甫又有了新的抱负……

·身陷长安的日子·

杜甫与妻儿依依不舍地分别了，他独身一人，在深秋时节前往灵武。从羌村到灵武，不仅路途遥远，崎岖难行，更是存在着诸多危险。且不说山中有无数的豺狼虎豹，就等着杜甫这样独身的过路人，一路上盘查森严的关卡也不是杜甫能轻易通过的。

杜甫翻山越岭，忍饥挨饿，凭借自己的智慧通过关卡，一路来到陕西横山附近。从这以后，杜甫就偏离了正确的方向，他没有抵达灵武，反而被叛军带到了长安。有学者认为，杜甫来到黄河边，没办法过河这才到了长安。但在其他学者考察后，确定了灵武在黄河东南岸，杜甫是从定边、盐池方向过来的，他根本没有渡河的必要。还有一种说法，认为杜甫离开羌村以后，了解到肃宗派有意在长安附近招揽流散的官员和百姓，杜甫进入长安有可能是为了肃宗打探情报。这种说法虽然合乎情理，但却没有任何文献作支持。因此，杜甫很有可能根本没有抵达灵武附近，也没有抵达黄河岸边。最有可能的是，杜甫被叛军抓获，和其他难民一起被送到了长安。

长安是唐朝的都城，对于杜甫，这座城市有着非凡的意义。在这里，他有意气风发的时候，有穷困潦倒的时候，有出入达官显贵门第的时候，也有病卧家中靠着邻居接济度日的时候。但如今，在这座陌生而又熟悉的城市里，他不过是个阶下囚。在这段时间里，杜甫创作了一些担忧国家局势，表达对亲人思念的诗歌。其中以《月夜》《对雪》两篇最为出众，《月夜》讲述了他对远在羌村家人的思念，描写了妻子在深秋寒夜中等着他的样子：

今夜鄜州月，闺中只独看。

遥怜小儿女，未解忆长安。

香雾云鬟湿，清辉玉臂寒。

何时倚虚幌，双照泪痕干。

《对雪》则描写了他迫切希望得到亲人消息的心情：

战哭多新鬼，愁吟独老翁。

乱云低薄暮，急雪舞回风。

瓢弃尊无绿，炉存火似红。

数州消息断，愁坐正书空。

　　长安的情况令人触目惊心，叛军的残暴更是让杜甫悲愤不已。不仅普通百姓被叛军迫害，唐朝的王子皇孙也不能避免。玄宗出逃的时候，只带上了居住在皇宫中少量的皇室宗亲和后宫妃子，大多数居住在皇宫之外的亲王、皇孙、妃子都被抛弃了。玄宗离开长安的时候，下令处死了安禄山留在长安的质子安庆宗，而现在，这些被抛弃在长安的皇亲国戚就成为了安禄山泄愤的对象。

　　玄宗于六月十三日逃离长安，安禄山在七月十五日命令部将杀死公主、驸马、皇妃八十余人，随后又杀死皇孙、郡主二十余人。留在京城的皇族几乎全部被杀，即便是还不会说话的婴儿都没有放过。叛军为了恐吓百姓，在长街之上将他们砍头挖心，手段极其残忍。虽然杜甫来到长安的时候此事早已过去，但这些传闻仍让他悲愤不已。一日，他在草丛中发现了一个衣着华丽的少年，经过询问才知道，这居然是一位王孙。于是，他用一首《哀王孙》记载下了当时的情况：

长安城头头白乌，夜飞延秋门上呼。

又向人家啄大屋，屋底达官走避胡。

金鞭断折九马死，骨肉不得同驰驱。

腰下宝玦青珊瑚，可怜王孙泣路隅。

问之不肯道姓名，但道困苦乞为奴。

已经百日窜荆棘，身上无有完肌肤。

高帝子孙尽隆准，龙种自与常人殊。

豺狼在邑龙在野，王孙善保千金躯。

不敢长语临交衢，且为王孙立斯须。

昨夜东风吹血腥，东来橐驼满旧都。

朔方健儿好身手，昔何勇锐今何愚。

窃闻天子已传位，圣德北服南单于。

花门劆面请雪耻，慎勿出口他人狙。

哀哉王孙慎勿疏，五陵佳气无时无。

这一天，杜甫在草间发现了一个少年。少年的腰间佩戴着玉佩和珊瑚制成的饰品，一看就不是普通百姓。这个少年的嗓子早已因为一直嚎哭而变得沙哑，不管杜甫如何询问，少年都不肯说出自己的名字。少年只是不停地说，他生活困苦，希望有人能收留他为奴。

少年四处逃窜已经有三个多月了，身上早就被荆棘刮擦得遍体鳞伤。即便如此，杜甫仍能从他高直的鼻梁，优雅的气质，判断出这是一位真正的龙子龙孙。杜甫不仅感叹，安禄山这样的豺狼在城中称帝，真正的龙种却穿着破衣烂衫，流落在荒野之间。

判断出少年的身份后，杜甫便叮嘱少年要保重身体，注意身旁是否有叛军的耳目。随后，又为少年打气，告诉了他玄宗已经传位给了肃宗，如今肃宗正重整态势，准备收复两都，大唐还是有中兴的希望的。

　　杜甫的想法显然有些理想化，即便是肃宗登基，想要战胜叛军也不容易。至德元年十月，房琯上表肃宗，请求收复洛阳、长安。于是，肃宗任命房琯为节度使，攻打叛军。叛军此时兵锋正盛，强攻显然不是好办法。但肃宗派来的监军太监一直逼迫房琯出战。

　　房琯本就是个不太懂兵法的文官，所有的战争技巧都是从古书上看来的，非常不合时宜。结果官兵损伤惨重，四万余人只逃回了数千人。杜甫在城中，目睹了叛军获胜后回到城中弹冠相庆狂欢的场面，便满怀悲痛地创作了《悲陈陶》：

　　　　孟冬十郡良家子，
　　　　血作陈陶泽中水。
　　　　野旷天清无战声，
　　　　四万义军同日死。
　　　　群胡归来血洗箭，
　　　　仍唱胡歌饮都市。
　　　　都人回面向北啼，
　　　　日夜更望官军至。

　　房琯的惨败并没有让肃宗吸取任何教训，官军新败，本应该转攻为守，慢慢提升士气。肃宗偏不，他居然又派来宦官催促房琯出战。

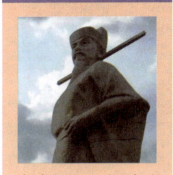

人物档案

房琯（697—763），字次律，河南缑氏（今河南偃师市）人。历任校书郎、冯翊县尉、卢氏县令、监察御史、睦州司户等官职。安史之乱爆发后，房琯随唐玄宗入蜀，拜吏部尚书、同平章事。唐肃宗即位于灵武后，房琯深受信任，委以平叛重任。但不懂军事，在咸阳陈涛斜（亦名陈陶斜）兵败。后逐渐被肃宗疏远，长安收复后，房琯进封清河郡公，不久被贬为邠州刺史，后历任太子宾客、礼部尚书、晋州刺史、汉州刺史。广德元年（763），被拜为刑部尚书，上任途中病逝，追赠太尉。

几天后，房琯就在陈陶附近再次战败。幸好唐军还有李光弼、郭子仪这样能征善战的将领，这才阻止了叛军南下。

至德二年（757）春季，距离官军收复两都依旧遥遥无期，家人究竟如何，杜甫也接不到任何音讯。大国小家都让杜甫满怀忧虑，在这种情况下，他写下了传诵千古的名篇《春望》：

> 国破山河在，城春草木深。
> 感时花溅泪，恨别鸟惊心。
> 烽火连三月，家书抵万金。
> 白头搔更短，浑欲不胜簪。

这个春天也不是一点好消息都没有的，杜甫在长安遇到了好友郑虔。郑虔官位比杜甫要高得多，因此格外受叛军重视。长安陷落以后，郑虔被带到洛阳，叛军逼他做官，他却一直推脱，最后要了个从九品的官职。郑虔对于为叛军做官没什么兴趣，他想要通过职务的便利为灵武搜集情报。之后，他又从洛阳逃回了长安。杜甫见到郑虔后，非常惊喜，吟诗作赋，全然忘记了糟糕的境遇。

杜甫早年间在长安求官的时候就过着饥一顿饱一顿的日子。如今被叛军困在长安，情况比当年更加糟糕，特别是他的官员身份，一旦

被小人举报，就有生命危险。因此，这段时间里杜甫完全依靠朋友的接济。朋友们过得也不算好，杜甫常来打秋风，难免会给他脸色看。只有一个名叫苏端的朋友，永远对杜甫敞开大门。

苏端也很贫困，但只要杜甫登门，苏端就让孩子们端上果子和浊酒，摆上简单的饭食款待杜甫。苏端给杜甫的帮助不只是生活上的，还有精神上的。被困长安精神紧张的日子，要不是时常能与苏端谈天说地，小酌几杯，恐怕对妻儿的牵挂早已将杜甫折磨垮了。

春天还没结束，杜甫担心被小人举报，就逃到大云寺中避难。大云寺住持赞上人性格宽厚，满心慈悲，对杜甫的文才很欣赏。他为杜甫提供了饭食和住房，两人经常在一起聊天。见杜甫衣着破旧，他还为他提供了鞋子和头巾。两人成为了好友，后来又在秦州相遇。

读而时思之

> 杜甫告别妻儿，独自一人前往长安。此时的长安城早就被叛军弄得满目疮痍，叛军的残暴更是令人触目惊心。战乱依然持续，杜甫在长安的日子可谓颠沛流离。

人物档案

李光弼（708—764），营州柳城（今辽宁省朝阳市）人，契丹族。唐朝中期名将，李光弼出身"柳城李氏"，初任左卫亲府左郎将，袭封蓟郡公。天宝十五载（756），任为河东节度副使，东出井陉，参与平定安史叛军。乾元元年（758），奉命讨伐安庆绪。同年接任天下兵马副元帅、朔方节度使，指挥河阳之战。上元二年（761），改以河南副元帅、太尉兼侍中出镇临淮，震慑诸将。安史之乱平定后，李光弼"战功推为中兴第一"，获赐铁券，名藏太庙，绘像凌烟阁。晚年拥兵不朝，声名受损，羞愧而终。获赠司空、太保，谥号"武穆"。

·逃出长安·

叛军凶狠残暴，不得人心，各地纷纷出现义军举旗反抗。长安城中的百姓日夜盼望官军能来收复长安，任何一点儿风吹草动都能引发一场骚乱。经常有人喊"太子大军杀来了"，众人就四处奔走，叛军也经常因为北方传来的一点儿风吹草动而惶惶不安。

在皇族李泌的举荐下，郭子仪、李光弼率领五万大军抵达灵武，准备出兵长安，肃宗又派人向回纥借来了大量精兵。可见，肃宗有收复长安的决心。就在唐军上下一心，准备出击的时候，叛军内部发生了内讧。

安禄山在洛阳称帝，之后就开始志得意满，终日荒淫无度、饮酒作乐。久而久之，身体状况就越来越差。再加上他患了眼疾，几乎失明。

看不清楚东西的安禄山变得非常暴躁，不管是宫女还是宦官，但凡有一点儿差错，就会被安禄山狠狠鞭打。一位叫李猪儿的太监数次被鞭打，差点儿丢掉性命。安禄山的侍妾段氏见安禄山时日无多，担心他哪天不在人世了，就想要让安禄山立她的儿子安庆恩为太子。安禄山的继承人应该是嫡子安庆绪，但是在段氏多次向安禄山哭诉后，安禄山就打起了废安庆绪，立安庆恩的想法。

> **❀ 人物档案 ❀**
>
> **安庆绪**（？—759），字仁执，营州柳城（今辽宁朝阳）人，粟特族。安禄山次子，母为康夫人。骑射一流，性格内向，授鸿胪卿、广阳太守，迁平卢军都知兵马使。安禄山建立大燕政权后，册封晋王。至德二年（757），联合中书侍郎严庄弑杀安禄山，自立为帝，年号载初。乾元二年（759），为部将史思明所杀，谥号为刺。

安庆绪得知此事，非常后怕。他知道，一旦安庆恩成了安禄山的继承人，段氏母子一定会除掉他。于是，他就向安禄山的心腹严庄请教。严庄告诉他说，安禄山与玄宗名为君臣，实际上如同父子。双方有如此关系，安禄山不还是以下犯上？可见，凡事都有迫不得已的时候。想要做事，应该去问问李猪儿。

李猪儿每日被安禄山虐待，生不如死。安庆绪找到李猪儿，希望李猪儿去刺杀安禄山，李猪儿毫不犹豫就答应了。有一天晚上，安禄山因为身体不适心情烦闷。他屏退左右，独自睡下。李猪儿绕过守卫，悄悄潜入安禄山的卧室，拔出安禄山枕边的宝刀。没想到，安禄山突然醒来，大声喝问来者是谁。李猪儿马上吓得跪在地上，正要求饶，突然想到安禄山双目近乎失明，这又有什么好怕的？随后，他就把宝刀刺进安禄山的腹部。安禄山不一会儿就死了。李猪儿则在严庄与安庆绪的保护下活了下来。

除掉安禄山后，安庆绪处死段氏母子，自立为帝，但安庆绪并不受军士的拥护。安禄山已死的消息传给了各处叛军，叛军的士气一落千丈。唐军得知安禄山已死，士气大振，肃宗也觉得这是个收复两都的好机会，他听从李泌的建议，把指挥所迁到了凤翔。

凤翔距离长安只有三百里，郭子仪率领大军向长安进发。长安城中的百姓欢欣鼓舞，但唐军却还在等待时机，迟迟不肯发动攻击。杜甫也是翘首以盼人群中的一员，自从他得知肃宗就在凤翔的消息后，便日夜盼望唐军前来收复长安。见唐军迟迟没有行动，杜甫便起了"山不来就我，我便去就山"的想法。他打算逃出长安，前往凤翔。

或许是因为叛军得知安禄山的死讯后放松了对长安的守备，或许是因为杜甫勘察了地形，规划了路线，做好了充足的准备。总之，杜甫没花什么力气就从长安西侧的金光门逃了出来。但逃出长安的杜甫并不能大摇大摆地前往凤翔，长安西郊有大量的叛军正在与郭子仪的军队对峙，杜甫贸然走上战场去显然不是明智之举。于是，他选择崎岖的小路，压低身形，忍饥挨饿，徒步走了三百余里，这才抵达了凤翔。

从长安到凤翔，三百里路不算太近，却也算不得太远。就是这样平日里并不值得牢记于心的路程，对杜甫来说却是一生都难以忘记的。之后他为这段经历创作了《喜达行在所三首》：

其一

西忆岐阳信，无人遂却回。

眼穿当落日，心死著寒灰。

雾树行相引，莲峰望忽开。

所亲惊老瘦，辛苦贼中来。

其二

愁思胡笳夕，凄凉汉苑春。

生还今日事，间道暂时人。

司隶章初睹，南阳气已新。

喜心翻倒极，呜咽泪沾巾。

其三

死去凭谁报，归来始自怜。

犹瞻太白雪，喜遇武功天。

影静千官里，心苏七校前。

今朝汉社稷，新数中兴年。

之后他又在《述怀》一诗中记载了这段难忘的经历。

杜甫能从长安到凤翔，震惊了亲友，震惊了官员，更震惊了肃宗。在安史之乱中，为保全性命，为荣华富贵，因为各种各样的理由投降叛军的高官不在少数。而杜甫这样一个名不见经传的从八品小官，居然在如此危机的关头表现出对唐王朝的拥护，表现出与叛军势不两立的忠贞与节操，特别是在杜甫穿着露出脚趾的破草鞋，几乎成为布条的衣服，露着两个手肘向肃宗行礼的时候，肃宗怎能不被杜甫感动呢？

正所谓"疾风知劲草，板荡识忠臣"，杜甫这样的忠臣应该得到重视和嘉奖。因此，肃宗下诏任命杜甫为左拾遗。左拾遗位阶并不高，之前杜甫担任的右卫率府兵曹参军是八品下阶，左拾遗不过是八品上阶而已。虽然只高了一级，但这两者的重要性绝不可同日而语。

左拾遗是言官、谏官，是需要伴随在皇帝左右的。因此，军机大事可入耳目，将来更是有一步登天的可能。之所以将左拾遗设置成八品小官，就是为了让官员不要在乎官位，要敢于进谏。因此，杜甫担任左拾遗这一清贵官职，可以说是守得云开见月明，终于得到重用了。除了左拾遗外，杜甫还被授予了七品下阶的宣义郎，这一散阶代

表了杜甫的真实官阶。

来到凤翔让杜甫暂时解除了对国家危亡的焦虑，但自己的小家究竟怎样了却又让他牵肠挂肚。刚刚担任官职就请假回家探亲？这显然不太合适。杜甫只能先写封家书，打探家中的情况。这封家书久久得不到回信，让他愈发焦急。是不是家人被叛军抓走了？又或者是因为贫困遭遇了什么不幸？幸好在几个月后，杜甫得到回信。杨夫人告诉他，家中一切都好，孩子们都长高了，就是想念父亲。几个月后，杜甫得到了回家探亲的机会。

读而时思之

安禄山和史思明不得人心，天下各地涌现义军来抗击叛军。在叛军监视下的杜甫从长安逃了出来，来到了肃宗面前，令肃宗十分感动，由此杜甫也得到了升迁。事业上有了发展，而家人依然令他牵肠挂肚。

杜甫传

第四章　战流离·青是烽烟白人骨

第五章

世炎凉·此道今人弃如土

贫交行

杜 甫

翻手作云覆手雨，
纷纷轻薄何须数。
君不见管鲍贫时交，
此道今人弃如土。

·"疏救房琯"与"三司推问"·

　　房琯恃才傲物，常与人闹矛盾。一文弱书生，偏偏觉得自己有大将之才，实际上，他在军事上的见解仅仅停留在纸上谈兵的水平。之前房琯提议收复两都，出兵后几乎全军覆没。肃宗本打算将其治罪，但肃宗倚重的老臣李泌从中说情，这才饶了他。

　　有人帮他，也有人想要了他的命。房琯与贺兰进明、崔圆等人关系一直很差。在房琯兵败的时候，两人就已经在肃宗面前控诉房琯门下的琴工收受贿赂，房琯本人经常以生病为由不理政务，还满口都是神佛因果。肃宗一想，房琯此人的确如此，于是就又生出了罢免他的想法。宰相张镐得知此事，赶紧在肃宗面前为他讲情，但肃宗铁了心要处置房琯，将其贬为太子少师。

房琯虽有缺点，但不是奸臣。如果不谈他在军事上的失败，作为一名宰相还说得过去。要是让其他奸臣当上宰相，那才是国家的灾难。杜甫与房琯略有交情，认为房琯乃是两朝元老，又有文名，怎能任由贺兰进明、崔圆等人肆意诋毁？于是，作为左拾遗的他果断地站了出来，帮房琯说话。可惜，杜甫根本不懂政治斗争的险恶和其中的门道。

房琯之所以能得到重用，主要是因为他为玄宗献上了置制天下的策略。所谓的置制天下，就是将全国分成四个区域，太子李亨为天下兵马元帅，统御朔方、河东、河北、平卢等地兵马，负责收复长安、洛阳、河北等地。永王李璘为江陵府都督，统领山南东路、岭南、黔中、江南西路，负责管理长江中上游流域。盛王李琦为广陵郡大都督，统领江南东路、淮南、河南等路，负责江淮流域。封王李珙为武威郡都督，统领河西、陇右、安西、北庭等地，负责西北边疆。

这一策略就是要在全国建立四个政府和军队，对叛军全方面地遏制。诸王分封天下，这的确给了安禄山极大的打击，让他觉得真的没有取得天下的机会了。实际上，计划没有变化快，只有永王李璘认真执行了这个置制天下的策略，在江陵招兵买马，扩张势力，还有率军北上的想法。

肃宗那时是太子，是皇位的继承人。永王突然跳出来争天下，自然要将其除掉。于是，肃宗就派人去江陵地区镇压永王，永王兵败身死，李白就是因为跟永王扯上了关系，这才被流放夜郎的。

肃宗原本对于房琯并没有太多恶感，甚至还有过一段君臣相宜的时光。但是，贺兰进明向肃宗剖析了置制天下这一策略，发现只有肃宗被授予的地盘贫穷偏远，还有大部分在叛军手中。可见，房琯提出这一计略的时候，并没有考虑肃宗的利益。房琯说到底，不过是个一心为玄宗着想的前朝老臣而已。假如其他几位皇子异军突起，得了天下，房琯也大可以功臣自居，不失恩宠。所以，整个置制天下策略中，只有还是太子的肃宗利益受到了损害。

肃宗想明白了这件事情，就有了清除房琯这个玄宗旧臣的打算。他列出了房琯的四条罪状：

罪状一：提拔官员以亲信优先，提拔了大量没有真才实学的人，那些真正品行兼优的君子遭到排挤。

罪状二：接连战败，导致士兵伤亡惨重。

罪状三：被罢免了宰相职位后终日称病，在家中和文人墨客谈论诗文，置君王于不顾。

罪状四：与旧臣结为朋党，拉帮结派，扰乱朝纲。

此时，房琯麾下乐工董大收受贿赂，已经不算什么大事了。但杜甫还是抓着这件事情不放，经过一番察访，杜甫得出结论，董大收受贿赂证据确凿，但不该因此牵连房琯。房琯有错，但不至于被罢免。

杜甫贸然卷入了两位皇帝的争端，作为一个从八品的谏官，他仗义执言，态度非常激烈。他本该是肃宗这一边的官员，但却为房琯说话，肃宗怎么能不愤怒？肃宗马上让三司审问杜甫，甚至想要治他死罪。

三司，也就是刑部、御史台和大理寺三堂会审。这是对于嫌疑人最高规格的审判了，一般都会被运用在大案、要案上，可见肃宗究竟有多么愤怒。此时的刑部尚书是颜真卿，御史大夫是韦陟，大理寺卿是崔光远。颜真卿为人正直，韦陟虽恃才傲物但也不算奸佞之人，崔光远为人软弱，比较内向。因此，三人没有一人认为杜甫论罪当诛。特别是韦陟，他直接告诉肃宗，杜甫的行为虽然骄狂，但却尽到了谏官的职责。宰相张镐也为杜甫说情，认为杜甫要是被判罪，恐怕就没人敢说话了。

　　肃宗虽然万分恼怒，却不能直接做出与三司会审结果相悖的事情。于是，给杜甫的判决是赦免。按照惯例，官员遭此大难被赦免，应该上一封谢状给皇帝。杜甫则不然，他没有上谢状，反而写了一篇《奉谢口敕放三司推问状》，用来解释自己的所作所为。

　　他在状中先是承认了言辞有些激烈，的确对肃宗有所冒犯，但却是因为身陷贼营，悲愤愁痛导致的。随后，他再次劝谏肃宗，不要抓着房琯的小错不放。可见，杜甫只觉得言辞激烈，并不觉得替房琯说话是有错的。

　　肃宗不好再治罪杜甫，但也不可能再亲近他，只把杜甫的话当耳旁风了。面对这种情况，杜甫明白已经没有更进一步的机会了。之后越来越消沉，对于谏官的职责也渐渐不放在心上。御史吴郁被贬的时候，即便他明知道吴郁是被冤枉的，依旧提不起任何进谏的兴致。毕竟在肃宗面前，他不管说什么都没用了。

　　受到房琯牵连的不仅有杜甫，还有为杜甫说情的韦陟和张镐。而

那个收受贿赂的董大也被流放，与高适碰见，高适留下了千古名句："莫愁前路无知己，天下何人不识君"。

即便不能尽到谏官的职责，杜甫依旧想着为国效力。既然肃宗不听劝谏，那就为朝廷举荐贤能。岑参刚刚从北庭回到凤翔，杜甫便联合其他谏官举荐岑参为右补阙。这段时间正是肃宗任命官员，加强对全国控制的时候。每送走一位好友，杜甫便要写出一首送行诗来。

就在杜甫另辟蹊径，为国尽忠的时候，肃宗突然下旨，要杜甫回乡省亲。

读而时思之

> 肃宗与永王争夺皇位，杜甫因为仗义执言得罪了肃宗。杜甫这一次失去了亲近皇帝的机会，也知道自己很难东山再起了。

·九百里的回家路·

皇帝突然放杜甫回家省亲，显然不是什么好意。他此时已经被归成了房琯一党，与他交好的其他人纷纷劝慰他不要太过担心。于是，在至德二年（757）八月，杜甫告别了好友们，前往羌村。探亲的行程有九百里之远，而杜甫拥有的那匹瘦马，早就被他捐给边疆的将士了。于是，他只能靠着一双脚，徒步走上省亲的龙光城。

出发没几天，杜甫就有些坚持不住。他此时年事已高，再加上天气酷热难当，只好在路过邠州的时候，向驻扎在邠州的李嗣业将军借马。

李嗣业是唐朝名将，位高权重，武艺精湛。更难得的是，他作战勇猛，每逢战役必身先士卒。在过去的几年里，李嗣业东征西讨，不管是边疆外族还是安史叛军，都曾听说过李嗣业的大名。杜甫与李嗣业是旧相识，提出借一匹马，自然不在话下。

有了马的杜甫，快马加鞭，终于顺利抵达了羌村。家中妻儿、乡亲邻居，看见杜甫都非常震惊。毕竟兵荒马乱只得到过杜甫的一封书信，大家都以为杜甫可能已经不在人世了。没想到，杜甫能再次出现在家人的面前，妻子喜极而泣，孩子也环绕在父亲膝下，杜甫老泪纵横，尽情享受着难得的天伦之乐。

第二天，村中乡邻纷纷带着礼物、

酒水前来探望。杜甫为他们讲述自己的经历，讲到悲惨处，在座众人不禁陪着杜甫流泪。

在羌村的日子里，杜甫终于能静下心来回首往事，并且对其做一个总结。他将种种想法集合起来，写下了著名的《北征》。这首诗不仅包含了他这段时间的所见所闻，更是包含了他的政治思想。

虽然肃宗此时已经疏远了杜甫，但杜甫却依然认为肃宗是一位明君。肃宗为了平叛夙夜忧叹，呕心沥血，他都看在眼里。因此，即便他此时已经身在羌村，远离中央，依旧在为他的君王担心。

这九百里探亲路，也让杜甫感慨万千。他见到了当年唐太宗的行宫，又想起了唐太宗这样的一代明君，在晚年之前一直保持着艰苦朴素的生活态度。而玄宗呢，贪图享乐，骄奢淫逸，不禁让杜甫悲从中来。一路上土地没人耕种，百姓也看不到几个，可见除了大城市外，应该已是十室九空，百姓深受战乱之苦。乱世之下，草木尚且能收获果实，人命还不如草木。

回到羌村，自家的生活更是能说明贫苦百姓的现状。妻子衣衫褴褛，儿子面有菜色，两个女儿的衣裙刚刚盖住膝盖。妻儿身上简陋的衣物叠着层层的补丁，这些补丁看起来也是从其他编织品上剪下来的。幸好杜甫回家的时候，带回了一些布料，这才让妻子脸上的愁色稍稍好转。

此时，肃宗已经开始平定叛乱，但平叛的主力有相当多是从回纥借来的士兵。此时，安史叛军大势已去，平定他们看来只是时间问题。但是，大量的回纥兵要如何才能让他们心甘情愿地回家呢？

至德二年（757）九月，肃宗派人向回纥借兵。十一月，怀仁可汗派儿子叶护带领精兵四千抵达凤翔。肃宗命自己的儿子广平王李俶与叶护结为兄弟，可以说给足了回纥部落面子。但是，回纥人为什么愿意出兵呢？虽然回纥一直与大唐交好，但没有足够的利益，回纥人也是不愿意来的。此时朝廷并不富裕，没办法给出让回纥心满意足的条件。杜甫认为，最终的结果一定是回纥人大肆劫掠财物后才肯回去。

杜甫希望能更多地依靠大唐官军平息叛乱，这样才能重振大唐雄风。但事情哪里有那么简单呢？各路节度使心怀鬼胎，要是能乖乖听从朝廷调遣，安史之乱也不至于闹到这个地步。

既然借来的兵到了，收复两都的行动就该开始了。肃宗任命广平王李俶为天下兵马大元帅，带领唐军、回纥兵、西域各国援军组成的十五万人从凤翔向长安进军。杜甫听到此事，非常兴奋，写下了《喜闻官军已临贼境二十韵》：

胡虏潜京县，官军拥贼壕。
鼎鱼犹假息，穴蚁欲何逃。
帐殿罗玄冕，辕门照白袍。
秦山当警跸，汉苑入旌旄。
路失羊肠险，云横雉尾高。
五原空壁垒，八水散风涛。
今日看天意，游魂贷尔曹。
乞降那更得，尚诈莫徒劳。
元帅归龙种，司空握豹韬。
前军苏武节，左将吕虔刀。
兵气回飞鸟，威声没巨鳌。
戈铤开雪色，弓矢尚秋毫。
天步艰方尽，时和运更遭。
谁云遗毒螫，已是沃腥臊。
睿想丹墀近，神行羽卫牢。

花门腾绝漠，拓羯渡临洮。

此辈感恩至，羸俘何足操。

锋先衣染血，骑突剑吹毛。

喜觉都城动，悲怜子女号。

家家卖钗钏，只待献春醪。

　　这篇长诗极力赞美联军浩大的声势，认为叛军已是瓮中之鳖，无处可逃了。但是，杜甫不懂军事，之所以这样写，单纯是因为伟大的爱国热情。实际上，战事并没有那么顺利。

　　战事刚刚开始，叛军就先发制人，冲乱了官军阵型。幸好有李嗣业一马当先，杀入敌阵，这才解除了危机。但此时双方势均力敌，从中午厮杀到傍晚唐军才取得胜利。此一战双方都伤亡惨重，叛军被斩首六万余。其余叛军将领连夜逃出长安，被叛军占领两年多的都城长安终于回到了唐军手中。

　　有了这一场大胜，唐军士气高涨。郭子仪乘胜追击，与安庆绪军交战。此战依旧大胜，斩首叛军十万多人。十月中旬，洛阳被收复。二十三日，肃宗正式回到长安。

　　既然肃宗已经回到国都，杜甫作为左拾遗也没有理由再到凤翔去了。于是，杜甫满心欢喜地带着妻儿前往长安。

读而时思之

　　肃宗下令让杜甫回乡省亲。回到家乡，见到妻儿，杜甫老泪纵横，享受着难得的天伦之乐。虽然被疏远，但杜甫依然为肃宗而担心，不久传来了唐军得胜、肃宗回到长安的消息，杜甫欣喜不已，携妻儿踏上了回长安的路。

·重返长安·

长安被收复，这本来是值得庆祝的。但肃宗似乎忘记了曾做出的承诺，之前他说过会赦免那些被叛军抓住后在那里效力的官员，回到长安后却开始了清算。其中郑虔乃是杜甫的至交好友，身陷敌营的时候，依旧不忘为灵武传递信息，更别说最后他逃离了洛阳，回到长安，可是他也在被清算的名单之中。

郑虔被贬为台州司户，飞速离开长安，以至于杜甫都没来得及与他见上一面。面对这种情况，杜甫只能赋诗《送郑十八虔贬台州司户，伤其临老陷贼之故，阙为面别，情见于诗》一首，赠送给命运多舛的好友：

郑公樗散鬓成丝，酒后常称老画师。

万里伤心严谴日，百年垂死中兴时。

苍惶已就长途往，邂逅无端出饯迟。

便与先生应永诀，九重泉路尽交期。

诗中饱含了杜甫对郑虔的同情，他把郑虔比为苏武，认为朝廷的做法太过于不近人情。郑虔此时已垂垂老矣，两人此次没能相见，恐怕以后就再也见不到了。

杜甫回都城以后，依旧担任左拾遗。此时的杜甫虽然没了参与政事的资本，却仍然为国家忧心。在这个时候，他创作了许多诗歌，表达自己的无奈。他想要为国尽忠，但被君王冷落，得不到任何机会。

收复两都后，肃宗改元乾元。在这一年的春季，中书舍人贾至作了一首《早朝大明宫呈两省僚友》，王维、杜甫、岑参都有奉和之作。因此，这次的早朝大明宫唱和成为了诗坛的千古佳话。然而，当时的政治情况却并不算好。

至德二年（757）十二月，一直在蜀地的玄宗被迎回长安。即便经历了安史之乱，玄宗在民间的威望依旧极高。回京的时候，前来拜见的人数多达千人。百姓列立在街道两旁，见到玄宗的车驾山呼万岁。

眼见玄宗还有巨大的影响力，肃宗不禁担心起来。万一有一天，朝中旧臣们支持玄宗复位该怎么办？在皇后张良娣的蛊惑下，肃宗决定铲除玄宗时期的老臣，把朝堂上都安排为支持自己的人，这样才能稳定住皇位。这里面首先被彻查的就是房琯、贾至、严武等人。而杜甫，也因为替房琯辩解，被列为房琯一党。

在乾元元年（758）那场诗坛盛会后，针对玄宗旧臣的大清洗就开始了。贾至被贬为汝州刺史，张镐被贬为荆州大都督府长史，房琯被贬为邠州刺史，刘秩被贬为阆州刺史，严武被贬为巴州刺史，杜甫被贬为华州司功参军，韦陟被贬为绛州刺史。

这一次朝堂上的大换血，杜甫早有预感，他一直忐忑不安地等着这一天到来。这一年的端午节，皇帝会赏赐官员宫衣，这是一种殊荣，而杜甫也在受赏之列。为了感谢皇帝，杜甫作了一首《端午日赐衣》：

> 宫衣亦有名，端午被恩荣。
> 细葛含风软，香罗叠雪轻。
> 自天题处湿，当暑著来清。
> 意内称长短，终身荷圣情。

诗中"宫衣亦有名，端午被恩荣"的"亦"字，说明了杜甫对于被赐宫衣这件事情有多么意外。此时他应该明白自己即将被贬，所以才会感到意外。

糟糕的政治环境让杜甫在被贬前过得非常痛苦，他每天下朝都会到曲江边喝得酩酊大醉。也正是在这段时间里，杜甫对于朝廷越来越失望，心里非常不满。甚至想过，要是能早早看清这一切，就应该拂袖而去，过自由自在的生活。

长安附近的橘水也是杜甫经常流连的地方，在这里，他还听到了一个关于义鹘的故事。相传，在山背面的悬崖上，有一对苍鹰在黑柏树的顶端筑巢，养育子女。一天，雄鹰飞到远方寻找食物，而雌鹰在巢穴中看护雏鹰。没想到，一条白蛇爬上了树，开始吞噬小小的雏鹰。雌鹰敌不过白蛇，只能痛苦地悲鸣，雄鹰回来以后听雌鹰讲述了刚才的事情，悲愤地飞入了云雾中。没一会儿，它就带来了一只猛鹘，将雏鹰被白蛇吞食的事情告诉了它。猛鹘愤怒地飞上高空盘旋，又从九天之上扑向白蛇，将白蛇重重击落在地上。白蛇尾巴折断，胀饱的肚子也炸裂开来。

杜甫听了这个故事，便作了一首《义鹘行》，歌颂义鹘的侠义之心，以及不顾自身安危为他人排忧解难的美德。相信此时的杜甫，头脑中全是年轻时与李白、高适结伴而行，行侠仗义的往事。如今的杜甫，仍然充满了侠义之心，愿意为朋友挺身而出，奋不顾身。

可惜的是，杜甫再也没有机会在朝中为朋友仗义执言了。他即将被贬，奔赴华州。

读而时思之

> 长安收复，杜甫回京，重拾旧职。杜甫依然想为国家尽忠，却还是被冷落。肃宗清洗玄宗旧臣，杜甫被认为是房琯一党，即将被贬。杜甫借酒浇愁，对朝廷越来越失望。

·华州任上·

乾元元年（758）六月，杜甫被贬出长安，前往华州担任司功参军。司功参军的位阶是从七品下，比之前担任的左拾遗还要高一点。但左拾遗乃是天子近臣，而华州司功参军，不过是个负责当地文教事务的小官而已。

杜甫带着妻儿，从长安金光门出城，前往华州。从金光门出城是他特意选的，不仅因为亲友们都会在金光门相送，更是因为这座门对他有着非凡的意义。当年，他被叛军困在长安，就是从金光门逃往凤翔的。那时候西郊满是叛军，前往凤翔的路上危机重重。即便如此，他还是义无反顾，为了国家君王，前往凤翔。

　　仅仅过了一年，他就从主动离开长安变成被迫离开长安。虽然门还是那道金光门，但朝堂上的环境，自己的心境，都已完全不同。

　　华州并不遥远，地处长安以东一百八十里。抵达华州时，天气非常炎热，而他每天都要处理大量的文书。此时杜甫已经四十有七，如今四十七岁正是年富力强的时候，而在各种条件都远远不如现在的唐代，四十七岁已经算是半个老人了。糟糕的环境和处理不完的公务，让他格外烦躁。

　　即便是处处都不如意，杜甫仍然踏踏实实地完成了自己的工作。甚至还写了一篇分析华州地区叛贼状况的文章，希望肃宗能吸取教训，不要给贼寇任何可乘之机，并且配上了示意图。图文相结合，展现出杜甫的军事才华。更说明了即便被贬到华州做个小官，他仍然时刻关注着剿灭叛军的局势。

　　安禄山死后，安庆绪数次被唐军击败。史思明见大势已去，就主动投降。肃宗大喜，封史思明为归义王，兼范阳节度使。张镐在被贬官之前，就已经上书肃宗，史思明反复无常，将来必会反叛。

　　对于史思明，李光弼早有提防。他安排史思明之前的上官乌知义的儿子乌承恩做史思明的副手，伺机铲除史思明。事情暴露后，史思明杀死乌承恩父子和同党两百余人，要求朝廷诛杀李光弼，否则就起兵造反。肃宗颁诏书安抚，史思明根本不理，这才有了九位节度使讨伐史思明的事情。

　　乾元元年九月，怀州刺史、北庭行营节度使李嗣业率领兵马，与郭子仪、李光弼、王思礼等九位节度使合兵二十万，打算渡过黄河讨伐安庆绪、史思明。路过华州的时候，华州刺史郭使君设宴款待，李嗣业的老朋友杜甫自然要从旁作陪。杜甫见李嗣业麾下兵马雄壮，士气高昂，对此战的胜利满怀信心。席间杜甫写下了《观安西兵过赴关中待命二首》，称赞李嗣业和他麾下的雄兵：

四镇富精锐，摧锋皆绝伦。

还闻献士卒，足以静风尘。

老马夜知道，苍鹰饥著人。

临危经久战，用急始如神。

奇兵不在众，万马救中原。

谈笑无河北，心肝奉至尊。

孤云随杀气，飞鸟避辕门。

竟日留欢乐，城池未觉喧。

　　杜甫送走了李嗣业，等到十二月的时候，华州开始举办进士考试的初选。杜甫身为司功参军，有为举子们出题的职责。他拟定了五道题目，都是与战乱相关的。包括了赋税、交通、军队、货币等各方面。这些脚踏实地的问题让熟读四书五经，对时务并不关心的举子们叫苦不迭。看到这种情况，杜甫对这些有可能成为官员的年轻人大感失望，甚至对自己的职务失去了兴趣。

　　举子们让杜甫失望，九路节度使集结成的大军同样让他失望。这支大军本该让威名最盛的郭子仪担任统帅，但李光弼与郭子仪资历相当，功劳也相差无几，因为担心李光弼不服郭子仪，导致大军难以调动，因此，这支九路节度使集结成的军队居然没有设置统帅。那么，真正负责全局的是谁呢？居然是肃宗的心腹宦官鱼朝恩。

　　鱼朝恩因为拥立肃宗有功，一直深得宠信。但此人卑鄙无耻，祸乱朝堂，攀诬大臣，想要独揽大权。此次肃宗任命他为观军容特使，鱼朝恩岂能浪费这样的机会？于是，鱼朝恩毫不客气地指挥起九位节度使来。九位节度使哪位不是威名赫赫？哪位在自己的地盘上不是皇帝一般的角色？自然不会听一个太监的指挥。对于鱼朝恩的军令，节度使大多都是敷衍了事，出工不出力。

乾元元年十月，唐军开始围攻邺城，直到第二年春天依然未能攻克。李嗣业性如烈火，亲自带兵攻城，不料中了敌人的毒箭，不治身亡。没想到，出征前与杜甫在华州一见竟是永别。

这一年的重阳节，杜甫前往蓝田参加王维内兄崔季重举办的重阳宴会。在这场宴会上，杜甫与友人把酒言欢。他心中满是愁绪，却不得不在酒宴上强颜欢笑。重阳节的习俗是登高插茱萸，明年再登高的时候，今天来参加宴席的还有几人能健在呢？

重阳节过完，杜甫回到华州继续做官。但重阳节宴会的情绪却持续蔓延着，他开始怀念在洛阳的兄弟和亲友。因为战乱的关系，杜甫已经多年未与他们相见了。接着，他又想到之前在长安为官的日子。清晨穿戴齐整，与同僚好友们等着朝拜皇帝。如今，自己却在华州，真是凄凉。

杜甫创作了一些符合此时心境的诗歌，在《瘦马行》中，杜甫把自己比作一匹瘦骨嶙峋、受了伤被遗弃在路旁的老马：

杜甫传

第五章 世炎凉·此道今人弃如土

093

东郊瘦马使我伤，骨骼硉兀如堵墙。

绊之欲动转欹侧，此岂有意仍腾骧。

细看六印带官字，众道三军遗路旁。

皮干剥落杂泥滓，毛暗萧条连雪霜。

去岁奔波逐馀寇，骅骝不惯不得将。

士卒多骑内厩马，惆怅恐是病乘黄。

当时历块误一蹶，委弃非汝能周防。

见人惨澹若哀诉，失主错莫无晶光。

天寒远放雁为伴，日暮不收乌啄疮。

谁家且养愿终惠，更试明年春草长。

　　杜甫因为帮房琯说话惹怒皇帝，被贬到华州，和那匹瘦马何其相似。

读而时思之

　　杜甫前往华州上任，远离朝堂。此时的杜甫已经年近半百。虽然杜甫感到不如意，但他还是勤恳工作。在华州，杜甫的日子还算平静。

·洛阳亲友如相问·

　　乾元元年年底，杜甫已经无法抑制对洛阳亲友的思念了。于是，他从华州出发，向着洛阳前进。要说杜甫走亲访友目标就是洛阳，有些不太恰当。实际上，这一路上他都有亲朋故旧，去洛阳的旅程就是一场探亲之旅。

刚刚走出华州，就遇到了杨少府。这位杨少府是京城司勋员外郎杨绾的晚辈，正要前往长安。两人一直有往来，杜甫还答应杨少府，要帮他在华州找些当地的特产茯苓。可惜杜甫并没有完成承诺，因为天气太冷了。因此，杜甫写了一首诗表达歉意，并承诺等天气回暖一定履行承诺。

没多久，杜甫抵达阌乡，这里的姜少府与杜甫是同乡。杜甫的官职虽不大，但极有文名。这位老乡对杜甫的诗文非常欣赏，盛情款待了杜甫。有一种鱼为阌乡特产，姜少府担心此次错过就没有机会款待杜甫了，就在寒冬时节四处去找这种鱼。姜少府的行为让杜甫非常感动，此次宴会作陪的还有秦少府。这位秦少府与杜甫也是老相识，因此在宴会上有诸多感慨。

告别了两位友人后，杜甫又向东抵达湖城，在湖城款待杜甫的是刘颢。刚离开刘颢家，杜甫又遇到了好友孟云卿。他热情地把孟云卿带回了刘颢家，刘颢便摆开酒宴，三人一边饮酒，一边谈论国家大事，直到天色渐亮才结束。

在返回洛阳的路上，杜甫还拜访了二十年没见的老朋友卫八处士。此人非常神秘，许多学者多番比较，也没能拿出此人身份的定论。但是，高适同样也有一个名叫卫八的朋友，从时间上来看，两者就是同一人。

由于一路访友，杜甫抵达洛阳的时候，已经是乾元二年（759）的春天了。洛阳是唐朝的西都，也是安禄山叛乱时定下的伪都。此时洛阳已不见往日的繁华，战乱让这座城市破败不堪。杜甫只在洛阳逗留了几天，就去了偃师的陆浑庄。这里是杜甫的祖父杜审言建造的，也是杜甫魂牵梦萦的老宅。

因为无人管理，陆浑庄已经是一片荒芜。洛阳遭遇战乱，亲人们奔走逃亡。杜甫仅仅知道，他的弟弟杜颖在山东济州，生活得并不好。杜甫与弟弟许久未见，写下了诗篇表达怀念之情。

此时老宅已经物是人非，在此久留也没有什么意义。于是，他又返回了洛阳。在洛阳，杜甫时刻关注着讨伐叛军的情况。此时唐军已经将安庆绪团团围住，胜利似乎就在眼前。因此，他满怀希望地创作了长诗《洗兵马》，表达对国家中兴的盼望之情。

诗歌当中展现了杜甫对朝堂局势的理解，他将围攻叛军的节度使们看作英杰，暗中讽刺肃宗的昏庸。此时肃宗正急着打击玄宗旧臣，与玄宗之间的关系愈发紧张，甚至策划要将玄宗赶到西宫的阴谋。

此时肃宗因为张辅国、鱼朝恩等宦官在灵武拥立有功，对他们非常宠信。宦官们则勾结张淑妃，权倾朝野。张镐被贬后，新上任的宰相王玙知道肃宗迷信鬼神，便一味迎合。这些小人本没有什么才能，都是因为肃宗昏庸，给了他们重要的职务，以致国家每况愈下。

杜甫希望肃宗能亲近房琯、张镐这样的贤臣，远离张辅国、王玙这样的小人。平心而论，张镐、房琯，这二人的才能比起唐朝之前的众多贤相，差得太远。但在此时，也只能矮子里面拔将军了。依靠他们，总比依靠宦官、终日听张妃的枕边风强。

读而时思之

杜甫日思夜想着洛阳的亲友，这次他前去拜访。拜访一众老友，杜甫又开始为国家而担忧，希望君王能够亲近贤臣，远离小人。

· "三吏" 与 "三别" ·

乾元二年（759）三月，杜甫即将从洛阳返回华州。此时，唐军与安庆绪、史思明进行了邺城之战。

早在这一年的正月，史思明就自称大圣周王，率军五万前往邺城，解救被围困的安庆绪。此时，城外的唐军与城内的安庆绪军对峙已久，城内缺少粮食，唐军却也因为旷日持久的战争疲惫不堪。此时此刻，双方比拼的就是任性、耐力、士气。

三月，唐军摆开六十万大军，与史思明的五万精兵展开决战。唐军本就疲惫，又因对方人少而轻敌，结果六十万军居然和五万军平分秋色。双方胜负未分，还在纠缠的时候，突然刮起了龙卷风。风势凶猛，卷起的沙土遮天蔽日，两军都看不到对方。于是，唐军和叛军不约而同地选择了撤退。叛军因为人数较少，反而损失不大。唐军逃跑时丢弃的辎重，全都被叛军缴获。

第五章 世炎凉·此道今人弃如土

郭子仪部折损了一大半战马，甲胄兵器丢弃不计其数。眼见军队缺少装备，不能作战，只好切断河阳桥，退守洛阳。洛阳百姓听闻郭子仪兵败，赶紧逃出城池，躲避到深山之中。洛阳的官员们也各谋生路，逃往其他州县。其他节度使无人援助郭子仪，反而收拢残兵，返回自己的地盘上去了。所经之处，士兵大肆劫掠，节度使置若罔闻，百姓苦不堪言。郭子仪见叛军逼近洛阳，就在洛阳周边抓壮丁充当兵源，洛阳百姓又遭兵祸。

郭子仪刚刚兵败，损失惨重。新征召的士兵还没训练完毕，因此不敢轻举妄动。史思明和安庆绪得到了喘息之机，没多久他们就出现内讧。史思明见安庆绪兄弟远远不如安禄山，就生出了夺取安家基业的想法。于是，他谎称要与安庆绪歃血为盟，结为兄弟，暗地里在营寨中埋伏下士兵。安庆绪不知道史思明包藏祸心，带着四个弟弟和三百骑兵来到史思明大营。

安庆绪一走进史思明大营，就被伏兵团团围住。安庆绪只有三百骑兵，根本逃不掉，只好向史思明称臣。没想到，史思明却开始审问安庆绪，以他丢失两都，谋害安禄山夺权为名，赐死安庆绪。随后，史思明进入邺城，收拢了安庆绪的残兵，留下儿子史朝义守城。他回到范阳，自封大燕皇帝，改元顺天。

杜甫从洛阳返回华州的时候，正巧碰见郭子仪抓壮丁。在他看到老翁、老妪、老兵、孩子都在征召范围内，感到非常震惊。于是，把所见所闻记录了下来，这就是不朽的组诗"三吏""三别"。

新安距离洛阳只有六十里，杜甫启程不久就抵达了这里。新安的官吏正在征召少年入伍，于是杜甫便写下了《新安吏》：

客行新安道，喧呼闻点兵。

借问新安吏："县小更无丁？"

"府帖昨夜下，次选中男行。"

"中男绝短小，何以守王城？"

肥男有母送，瘦男独伶俜。

白水暮东流，青山犹哭声。

莫自使眼枯，收汝泪纵横。

眼枯即见骨，天地终无情！

我军取相州，日夕望其平。

岂意贼难料，归军星散营。

就粮近故垒，练卒依旧京。

掘壕不到水，牧马役亦轻。

况乃王师顺，抚养甚分明。

送行勿泣血，仆射如父兄。

　　因为壮丁已经被抓尽，新安征召的都是身材矮小的孩子。孩子与亲人分别时，亲人嚎啕大哭。杜甫虽然希望叛军能被剿灭，希望国家能重归和平，但面对此情此景，又怎能不动容？

　　面对眼前的悲惨情况，杜甫只能宽慰送别孩子的父母，说这些新兵就驻扎在附近训练，短期内是不会上战场的。平日里只会做些挖战壕、牧马的轻巧工作。更何况，郭子仪将军威名赫赫，爱兵如子，相信孩子一定不会受委屈的。至于情况究竟如何，杜甫心知肚明。但此时此刻，他除了安慰这些悲伤的父母，也不知道该说些什么了。

　　后来，杜甫来到石壕村，写下《石壕吏》：

暮投石壕村，有吏夜捉人。

老翁逾墙走，老妇出门看。

吏呼一何怒！妇啼一何苦！

听妇前致词：三男邺城戍。

一男附书至，二男新战死。

存者且偷生，死者长已矣！

室中更无人，惟有乳下孙。

有孙母未去，出入无完裙。

老妪力虽衰，请从吏夜归。

急应河阳役，犹得备晨炊。

夜久语声绝，如闻泣幽咽。

天明登前途，独与老翁别。

　　石壕村距离新安有一百三十里，杜甫抵达石壕村的时候，已经入夜了。他停留在此处，投宿到一户人家。半夜里，突然响起了敲门声，原来是石壕村的官吏来抓壮丁。官吏为什么要半夜来抓壮丁呢？显然，白天人们都躲了起来，官吏才要在夜里抓人。家中的老翁敏捷地跳过墙壁逃走了，看来有丰富的应对官吏抓人的经验。而老妇人不能逃走，只能去面对愤怒的官吏。

　　老妇哭哭啼啼，官吏大喊大叫，这形成了鲜明的对比。老妇说有三个儿子去服兵役了，其中两个已经战死，希望官吏们能看在他们家为国牺牲了这么多的份儿上，别再抓人了。然而，老妇的话又怎么能得到这些如狼似虎的官吏的怜悯呢？官吏依旧不依不饶地询问家中还有什么人。老妇只好说，家里只有连一套完整衣裙都没有的儿媳和一个吃奶的孙子。面对一个这样的家庭，官吏依旧要求老妇家中出一人服役。老妇为了保护孙子和儿媳，只好自己去应征了。

　　离开石壕村，向西二百里就是中原地区的门户潼关。这里是兵家必争之地，因此饱受战乱侵害。杜甫到潼关后，又写下了《潼关吏》：

士卒何草草，筑城潼关道。

大城铁不如，小城万丈馀。

借问潼关吏，修关还备胡。

要我下马行，为我指山隅。

连云列战格，飞鸟不能逾。

胡来但自守，岂复忧西都。

丈人视要处，窄狭容单车。

艰难奋长戟，万古用一夫。

哀哉桃林战，百万化为鱼。

请嘱防关将，慎勿学哥舒。

　　潼关的士兵们日夜辛劳，修筑各种军事设施，用来抵御叛军的进攻。杜甫向潼关的官吏询问这些军事设施建设得如何，官吏则对着杜甫夸夸其谈。在官吏的口中，潼关的大小城堡有万丈高，坚固胜过钢铁，就连鸟儿都飞不过去。但面对着潼关，杜甫想到的却是安史之乱唐朝最大的那一场失败。

　　因为奸臣杨国忠与哥舒翰不和，在杨国忠的谗言下，玄宗催促哥舒翰出潼关与叛军作战。结果，哥舒翰惨败，叛军攻入潼关，长安、洛阳沦陷。杜甫只希望潼关被攻破这样的悲剧不要再次上演，军士们一定要沉着冷静，千万不要贸然出去迎敌。

　　三吏是采用问答方式来叙事的，从地点的名称我们能看出杜甫离开洛阳的行程。三别与三吏一脉相承，表达了兵役制度的黑暗，但在内容上我们无法得知故事的发生地点。

　　第一别就是《新婚别》：

兔丝附蓬麻，引蔓故不长。

嫁女与征夫，不如弃路旁。

结发为君妻，席不暖君床。

暮婚晨告别，无乃太匆忙。

君行虽不远，守边赴河阳。

妾身未分明，何以拜姑嫜。

父母养我时，日夜令我藏。

生女有所归，鸡狗亦得将。

君今往死地，沈痛迫中肠。

誓欲随君去，形势反苍黄。

勿为新婚念，努力事戎行。

妇人在军中，兵气恐不扬。

自嗟贫家女，久致罗襦裳。

罗襦不复施，对君洗红妆。

仰视百鸟飞，大小必双翔。

人事多错迕，与君永相望。

　　诗中讲述了一对刚刚结婚的夫妻，睡觉的席子尚且没有被焐热，新郎就要起身去河阳参军了。按照古代的婚姻制度，女子出嫁要三天以后才算定下身份，而他们结婚不到一天，婚礼都不算完成，妻子连拜见公婆的理由都没有。幸好新郎参军的地方不远，对于新人来说勉强算是好事。但对于国家来说，奔赴边境参军，居然就在家门口？可见当时的唐王朝已经深深陷入了困境。

　　丈夫要去服役，妻子难过得肝肠寸断。她想要与丈夫一起去戍边，但又担心自己是女人而在军中不方便。最后，她只能鼓励丈夫，不要担心，全心全意为国戍边，而自己则会在家中等着丈夫回来。这样一个善良、坚韧、忠贞、爱国的女子形象便生动了起来，赞美了民众为国牺牲的精神。

《垂老别》讲的是一个全心全意为国效力的家庭，家中年轻的男子都已战死，只留下年迈的老夫妻：

四郊未宁静，垂老不得安。

子孙阵亡尽，焉用身独完。

投杖出门去，同行为辛酸。

幸有牙齿存，所悲骨髓干。

男儿既介胄，长揖别上官。

老妻卧路啼，岁暮衣裳单。

孰知是死别，且复伤其寒。

此去必不归，还闻劝加餐。

土门壁甚坚，杏园度亦难。

势异邺城下，纵死时犹宽。

人生有离合，岂择衰盛端。

忆昔少壮日，迟回竟长叹。

万国尽征戍，烽火被冈峦。

积尸草木腥，流血川原丹。

何乡为乐土，安敢尚盘桓。

弃绝蓬室居，塌然摧肺肝。

面对征兵的时候，老翁还是扔下拐杖，准备从军，不仅是因为国家的要求，更是因为子孙都战死，自己活着也没有意思了。与老妻的分别，大概率是诀别。老翁唯一担忧的，就是妻子身上的衣服太单薄，希望妻子能保重身体。

临行前，老翁还在宽慰妻子，这一次形势比上一次要好，也许不会战死。太平的时候多美好啊，没有严苛的征兵令，荒野里也没有随处可见的鲜血和尸体。自己虽不愿意离开家乡，但此时也不得不走了。杜甫用寥寥几行文字，描写出了一个倔强的老人，又借他的口表达出了百姓对于无休止战争的厌倦之情。

更加凄惨的是《无家别》：

寂寞天宝后，园庐但蒿藜。

我里百馀家，世乱各东西。

存者无消息，死者为尘泥。

贱子因阵败，归来寻旧蹊。

久行见空巷，日瘦气惨凄。

但对狐与狸，竖毛怒我啼。

四邻何所有，一二老寡妻。

宿鸟恋本枝，安辞且穷栖。

方春独荷锄，日暮还灌畦。

县吏知我至，召令习鼓鞞，

虽从本州役，内顾无所携。

近行止一身，远去终转迷。

家乡既荡尽，远近理亦齐。

永痛长病母，五年委沟溪，

生我不得力，终身两酸嘶。

人生无家别，何以为烝黎。

之前的被征召去服役的人，尚且有亲人告别，而家中无人的老兵，居然连个告别的人都没有。

诗中，老兵参加过九位节度使围攻邺城之战，战败之后逃回了家乡。回家故乡却没有任何人等着他，原本欣欣向荣的村庄，如今已经成了一片废墟。人都哪里去了？离开村子的时候，明明这里有一百多户人呢？仔细在长满荒草的村舍间搜索，这才发现只有一两个寡妇还在。

老兵不可置信地在村子里走动，却一个人都找不到。草丛之间有响动，却趾高气昂地跳出一只狐狸。

回到故土的老兵总要找个活着的出路，此时正是春天，春种秋收是不变的道理。于是，老兵扛起锄头，去田间耕种，希望能在秋天有些收成养活自己。没想到，不知道是谁将他回到家乡的消息告诉了县令。于是，老兵再次被征召入伍。

上一次告别，还有亲人送行。在他离家的这段时间里，家中仅存的老母也因为无人奉养而离世了。因此，这一次离开，连个送行的人都没有。老兵万分悲愤，人活一世，被迫离家已经痛苦万分，而离开家的时候已无家可别，活成这副模样还算是人吗？皇帝和朝廷，就是这么对待自己的百姓的吗？老兵的发问没有人回答，但相信每个人心中都已经有了答案。

第五章 世炎凉·此道今人弃如土

杜甫作为爱国诗人的代表，创作"三吏""三别"的时候心情是沉重而复杂的。在天宝年间，玄宗因为好大喜功，数次发动战争。这些战争对百姓只有害处，没有任何好处。但这一次的战争却不一样，如果不作战，国家就将不复存在。杜甫一面同情发生在百姓身上的悲惨遭遇，一面又不得不站在国家、民族的角度上，劝说人民为国分忧、牺牲。

读而时思之

杜甫返回华州，此时唐军与叛军的战争依然进行着，杜甫看到老人、孩子都被抓去当壮丁，写下了不朽的"三吏""三别"。曾经繁华的大唐一去不返，只剩下破败的山河、无尽的战争以及贫苦的人民。想到此，杜甫的内心一定是非常悲愤的。

·理想的破灭·

杜甫从洛阳回到华州继续做官，但此时他的心态又发生了变化。最开始，杜甫对成为朝廷官员心向往之，一心想要实现自己的政治抱负。被贬华州后，他依旧心忧国家，却对通过自我实现政治抱负已无希望。经历了"三吏""三别"，杜甫开始思考，是否还有拯救唐王朝的办法。是继续为官，还是放弃没意思的官。

全天下的百姓过得艰难，华州自然也不能例外。刚刚进入春天，旱情就袭来了。整个春天都没有落下一滴雨，田地已经不是荒芜能够形容的，土地龟裂，干燥到随意一阵风就能卷起风沙。在这种情况下，指望到秋天能有什么收成是不现实的。因此，粮食价格暴涨，百姓家中的余粮很快就吃完了，鸟雀、动物因干渴而死，很快也被吃完了。在树皮都吃光了之后，华州出现了易子而食的惨事。

面对这样的情况，凡事能走动的百姓，纷纷离开故土，逃荒到其他地方，只为能吃上一口饭。杜甫身为官员尚且还有口粮，但百姓的惨状他却不能视而不见。因此，心情烦躁的他作了一首《夏夜叹》，用来表达对贫苦百姓的忧虑和对大唐盛世的怀念。

秋天到了，杜甫弃官而去，带着家小前往秦州。虽然史料中说杜甫弃官的原因是华州地区大乱，粮食价格飞涨。实际上，杜甫作为官员，依靠着俸禄还能活下来的，并不需要为了躲避饥荒前往秦州。我们要得知杜甫弃官的真正原因，还需要从他这段时间创作的诗文进行分析。

在弃官之前，杜甫作了一首《立秋后题》：

> 日月不相饶，节序昨夜隔。
> 玄蝉无停号，秋燕已如客。
> 平生独往愿，惆怅年半百。
> 罢官亦由人，何事拘形役。

在这首诗歌中，杜甫表达了自己年过半百，想要过上一点充满自由的生活。那么，是什么束缚了杜甫呢？自然就是华州司功参军这个小小的官位。做官对于杜甫有着特殊意义的，因为其家族就是官宦世家，杜甫更想要通过做官来为国效力，光宗耀祖。如今，肃宗昏庸，继续当官显然让他不痛快。写下《立秋后题》，表达志向，这显然是杜甫一身硬骨头的体现。

那么，对于弃官不做这件事情，杜甫真的心无芥蒂、毫不犹豫

杜甫传

吗？显然不是的。放弃做官对于他来说是个痛苦的选择，而让他放弃做官的是昏庸的皇帝。杜甫在《秦州杂诗二十首》中，有这样两句："唐尧真自圣，野老复何知！"

唐尧，指的就是唐肃宗。在这里，杜甫明捧暗讽，说唐肃宗乃是天生的圣人。而我这样一个野老，又知道些什么呢？又怎么配做你的拾遗，劝谏你呢？结合后两句"晒药能无妇？应门亦有儿！"看到，杜甫是在诗歌中远远地对着肃宗夸耀自己的生活：你虽然把我从朝中贬了出去，但我仍然和妻儿过的很好。

这四句诗表达出了杜甫传统的儒家思想，孟子有云："君之视臣如手足，则臣视君如腹心；君之视臣如犬马，则臣视君如国人；君之视臣如土芥，则臣视君如寇仇。"面对肃宗这样不能知人善任的昏君，杜甫自然是要摒弃他，远离他，视他为寇仇的。但是，我们不难从中听出杜甫的怨愤，甚至说有点儿酸溜溜的意思在其中。

杜甫是爱国爱民的，他自然不希望这个国家变得更糟，如果皇帝称职，那么杜甫一定是他最大的拥护者。但如今，肃宗打击玄宗时期

第五章　世炎凉·此道今人弃如土

的老臣，刚愎自用，听不进任何忠言，被宦官和后宫玩弄于股掌之间。杜甫心里非常复杂，最后，他还是选择了弃官不做。他这样选择的原因既有肃宗视他如草芥，也有目睹华州百姓惨状的原因。但是，天灾、战乱，这些不过是导火索而已。

在之后的许多诗歌里，杜甫都在说弃官前往秦州的原因是躲避战乱和饥荒。但也有学者考证，杜甫弃官很有可能是无奈之举。因为唐朝时期的铨选制度要求六品以下的官员必须每年接受评定，四年为一个周期。做官满四年后，就要停官，在家候选。而此时，距离杜甫担任右卫率府兵曹参军，刚好是四年。所以，杜甫会被停官，等到五年后再次参加铨选。至于兵荒马乱的时候，官员考核是否能照常进行，就不得而知了。不过，肃宗肯定是不喜欢杜甫的。如果再次铨选，杜甫几乎不可能再被授予什么像样的官职。

杜甫弃官前往秦州，原因不是单一的。全天下的兵荒马乱，华州的天灾、饥荒，生活上的困顿，对肃宗的失望，最终促成了这个结果。杜甫的理想就此破碎，他宁愿弃官，也要远离皇帝，远离政治中心，带着妻儿找一块能生活下去的"避地"。

从杜甫在上任华州这段时间所创作的诗歌来看，被贬这件事情在他心里打了个死结。他认为，华州司功参军这个职务是对他的侮辱。因此，杜甫的情绪萎靡，心情沉重，弃官以后也只是用左拾遗称呼自己，绝口不提司功参军这一官职。

读而时思之

唐王朝持续衰败，老百姓的日子越来越难。杜甫掌管的华州，因为灾祸，百姓纷纷逃荒，杜甫也带家眷弃官而去。这一时期，杜甫已经对国家非常失望了。

蜀中安 · 自笑狂夫老更狂

狂 夫

杜 甫

万里桥西一草堂，百花潭水即沧浪。

风含翠篠娟娟净，雨裛红蕖冉冉香。

厚禄故人书断绝，恒饥稚子色凄凉。

欲填沟壑唯疏放，自笑狂夫老更狂。

· 秦州三月的旅居生涯 ·

在秋高气爽的时节，杜甫带着全家前往他一直打探是否有战乱、饥荒的秦州。途经八百多里，翻越重重高山后，他终于抵达了秦州。

抵达后，杜甫感慨万千。华州遭遇天灾人祸，已是满目疮痍；前往秦州，除了他听说这里是一处能安居乐业的"避地"外，还因为自己的族侄杜佐就在秦州。作为一个弃官之后没有收入的半百老人，的确需要帮助。

杜佐并没有居住在秦州城内，而是住在秦州东南方六十里外有一处名叫东柯谷的地方。抵达秦州后，杜甫并没有急着去找侄子，而是先在秦州城内租下了一处简陋、破旧、低矮的住宅。因为宅子的关系，杜甫郁闷了好几天。幸好侄子杜佐来到城内拜访，告诉杜甫，想要安居乐业，东柯谷要比秦州城更好。

虽然东柯谷不过是个村子，但那里环境清幽，物产丰富，特别适合不想再继续追逐官职的杜甫隐居。于是，没多久他就决定前往东柯谷去看看，验证一下那里是否像侄子所说的那样好。

东柯谷给杜甫留下了美好的印象。这个地方只有寥寥几十户人家，但植被丰富，附近有河流穿过。有耕种的土地，还有能种瓜果的

向阳山坡。这样的环境，简直太适合隐居了。但是，想要真正实现隐居，也不是容易的事情。这里没有现成的房屋，清幽的环境能消除杜甫内心的烦躁，但却同样让他在短时间内找不到一处宜居的地方。更何况，他听说在秦州西南方向还有一座仇池山。

仇池山以山上的仇池闻名，相传，仇池中生活着一些鱼，这些鱼被称为神鱼，吃了就有成仙的机会。杜甫在跟李白游览的时候，也曾被李白求仙问道的思想所影响。年轻时的杜甫踌躇满志，对未来充满希望，渴望在政治上有所作为，那时候他对于求仙问道这件事情本身是持批判态度的。如今，杜甫对朝廷、对皇帝、对现实大失所望，也产生了求仙问道的想法。但是，仇池山实在是太远，最终杜甫放弃了这个想法。

寻找居住地的过程，就是杜甫游览秦州的过程。杜甫惊奇地发现，当年在长安庇佑他，给他提供食物、住宿，甚至还给他买了鞋帽的京师大云寺住持赞上人也在秦州。如今两人在秦州重逢，不禁喜出望外。但谈起两人如今的境遇，他们又百感交集。赞上人听说杜甫打算在秦州隐居，又告诉并带杜甫去了一处好地方，那就是西枝村。

两位老人去西枝村可不是什么简单的事情，到西枝村的路上有一座山。两人爬了一会儿山，因为站在山顶俯瞰来路吓得头晕眼花，一会儿两人又打算在附近寻找一处暖和的山坡安家不得不路过那些阴冷的地方。两人从天亮忙活到日暮，也没在爬过的茫茫群山中找到适合的地方，只好趁着天还没黑回到赞上人的居所。

好友相逢，怎能不秉烛夜谈？赞上人是出家人，不能陪杜甫饮酒，两人便就着清泉泡制的香茶，聊到深夜才沉沉睡去。

杜甫发现赞上人推荐的西枝村没有合适安家的地方，于是又打算去西南方向走走。此时杜甫年事已高，患上了一些害怕风寒的老年病，所以一处避风向阳的地方是必不可少的。可惜，他在西枝村的西南方向并没有找到什么好地方。之后，他听人说在西枝村西面有一处山谷，那里树木茂密，阳光温暖，土地肥沃，是种庄稼的好地方。杜甫便又动了心思，打算再跟赞上人一起去看看。因为那里离赞上人的居所很近，两人以后要是成为邻居，生活就又美好了几分。

东柯谷和西枝村都有一些貌似适合隐居的地方，但杜甫最终还是没有在秦州安家落户。原因非常现实，他在秦州的生活非常艰难。与赞上人寻找合适地方的经历，就是他在秦州所有的美好。那么，其他时候杜甫过着怎样的日子呢？

我们之前提到，杜甫之所以会来秦州，是打算投靠侄子杜佐。但杜佐自己的生活也不好过，对于帮助杜甫，只能说有心无力。杜甫抵达秦州的时候，杜佐就说在秋收之后会分给杜甫一些粮食，帮杜甫渡过难关。但是，秋收过了许久，杜佐也没有送来任何粮食。杜甫只好主动写诗，向侄子索要。诗歌中，杜甫用词委婉，称侄子并非不想送，只是忘记了而已，并且还开口向侄子讨要田地中生长的菜。从杜甫的经历来看，开口向人索要米、菜的情况并不罕见。但从他的性格看，做到这一步的确是有难言之隐。可见，杜甫此时的生活已经非常紧张了。

除了侄子杜佐外，还有一位名叫阮昉的隐士主动接济了杜甫，送给他很多菜。那时候已是初冬，天气寒冷，已结冰。杜甫家中非常困难，衣服很单薄，被子也很单薄。因此，晚上睡在冰冷的床板上，格外难熬。

营养不良、天气寒冷，这些因贫困而不能解决的问题深深地侵袭杜甫的身体。早在长安时期患上的疟疾，这时再次发作。天气本就寒冷，疟疾发病时又会全身发冷，就好像是怀中抱着寒冰、霜雪一般。古人相信疟疾的发病是因为疟鬼作祟，患者需要在脸上涂脂抹粉，穿上女子的衣服，这样才能躲过疟鬼的折磨。杜甫太过于痛苦，以至于也假扮成女人东躲西藏。疟疾没治好，他的行为反而成为了其他人打趣他的话柄。杜甫脸上过不去，就不再穿女装躲藏了。

即便生活已经将杜甫折磨得遍体鳞伤，但他的心中依旧记挂着国家的情况。当年肃宗向回纥借兵的时候，条件之一就是将女儿嫁到回纥和亲。没想到，几个月后回纥的毗伽阙可汗就病死了，而嫁给他的宁国公主按照回纥习俗是要殉葬的。公主不想给这个只维持几个月关系的丈夫殉葬，想按照大唐的礼仪回到唐朝。回纥人担心公主再嫁，不肯放人。宁国公主只好用刀划了自己的脸，保证不会再嫁，保住性命回到故国。

公主回长安的路上经过了秦州，杜甫也在欢迎公主的人群中，看着公主的车驾。公主的面庞他没有看到，但从消瘦的身影不难判断出公主在回纥吃尽了苦头。杜甫心疼公主饱受摧残，哀伤于国家弱势，不得不向外族借兵的事实。当年杜甫就曾认为，向回纥借兵会带来祸患。虽说两害相权取其轻，但回纥在洛阳、长安被收复的时候狠狠地劫掠了几天，烧毁洛阳白马寺，杀死百姓数万人，还是让杜甫无法接受。回纥造成的生灵涂炭，与安史之乱带来的伤害更加酷烈，幸好影响的地方不算太多。

通过对国事的注意，杜甫发现秦州也并非是隐居的好地方。此处乃是沟通中原与西域的要道，隐居在这里难免会受到打扰。更何况，这里居住的外族人很多，又处在经常发生战乱的边疆。即便现在还没爆发战争，但杜甫已经听到从旁边马邑州传来的鼓角声了。因此，在旅居秦州三个月后，杜甫再次动身，带着全家离开秦州，去寻找更好的"避地"。

读而时思之

秋天，杜甫带领家人前往秦州，在这里他还有自家亲戚可以投靠。尽管远在天边，杜甫依然关心着国家的安危。随后杜甫希望找到更好的地方躲避战乱，就继续动身了。

·艰难的跋涉·

杜甫在秦州只居住了三个月，这三个月里他经历了饥寒交迫，经历了旧病复发，但仍创作出了七八十首诗歌，不仅数量惊人，质量也很上乘。内容不仅包括了对秦州风物的描绘，对名胜的记录，还有许多作品与当时国事相关，还有作品是怀念亲朋好友。其中，给李白写的诗歌最多，他曾连续三个夜晚梦见李白，其次是郑虔、高适、岑参等人。

离开秦州，下一站是同谷。离开秦州的时候，正是深夜。杜甫的心情十分沮丧，他对不能给妻儿安定的生活感到失望，甚至认为自己一无是处。从秦州到同谷，杜甫创作了十二首诗歌用来记录这段行程，我们也正是通过这十二首诗歌了解了这次旅途究竟又多么艰难。

第一站是距离秦州只有七里地的赤谷，这里是天水到陇南的交通要道。因为两侧的山石都是红色，得到了赤谷这个名字。赤谷是个地形分界点，出了这里，就要走上遍地乱石的山路了。这一路上杜甫不断下车用油润滑车轴，这样走走停停，哪里还谈得上什么速度。因此，没走多远就天黑了。出门的时候并没有携带什么食物，全家人都要饿着肚子在路上过夜了。杜甫不禁想到，要是全家人都望着远处村庄的烟火而饿死在路上，这是多么悲哀的事情。

赤谷向南八十里就是铁堂峡，这里因山石颜色铁青而得名。峡谷地形险峻，只有一条山路蜿蜒而上，直入高耸入云的山顶。山顶上只有常年不化的积雪，杜甫一家人走在处处积冰的谷底，感到心惊肉跳。这里的气候实在太冷，杜甫甚至担心，他们牵着的马的骨头会不会被冻断了。

铁堂峡西南六十里就是盐井，这里草木枯白，以制盐为生的百姓们每天都要从井中汲取卤水熬煮。因此，山间满是燃烧柴火的烟雾。百姓辛苦制出的盐，在盐商手中一转，就能获得多一倍的利润。但盐民却因为官家规定了恒定的价格，只能赚到微薄的利润。盐民们辛劳工作的形象深深映入了杜甫的眼帘，虽然他认为这样对盐民很不公平，但面对官府的制度也无可奈何。

盐井西南四十里是寒峡。冬季的寒峡是非常危险的，不仅气候寒冷，地形也因为积雪发生了变化。杜甫一家人穿着单薄的衣服，在严

寒中瑟瑟发抖。幸好之前购买了些食物，孩子不用饿得大哭了。

走出寒峡，向南行进三十余里就抵达了法镜寺。这是杜甫离开秦州后，第一次见到秀丽的风景。虽然已经是冬季，仍然有碧绿的苔藓、密集的植物、流淌的泉水、松间的雨珠和通红的霞光可看。这些景色让杜甫着迷，他在山间逗留，久久不舍离去。

下午再次启程，向南走了六十多里后，来到了青羊峡。青羊峡因陡峭的山壁上有着形状像是青羊的石穴得名，这里山崖陡峭，地势险恶，树林茂密。远远望去，山上布满青蓝色。

此次南行，一路都非常艰险。青羊峡附近布满了纵横交错的山冈，两侧山壁陡峭到让人担心会随时崩塌。此时正值冬季，峡中阴森寒冷，一片死寂。

好不容易穿过了青羊峡，杜甫一家来到十四里外的龙门镇。此处相当偏僻，但却是唐朝时期的军事重镇。抵达龙门镇时天色已晚，一行人只能住在这里。夜里，杜甫难以入睡，隐约听到不远处传来士兵的哭泣声。杜甫很同情这些背井离乡的士兵，又不禁想到，此处距离叛军聚集的关辅地区很远，朝廷为什么要在这个偏远的地方囤集重兵呢？

龙门镇之后的一站是石龛，这里相比之前路过的地方更加偏僻。天色阴沉寒冷，似乎是要下雪的前兆。在这样寒冷的时节，居然一路上都能听到野兽的咆哮声。没想到，在这样的地方，杜甫一家居然遇到了一位采竹人。官府要求这里的百姓收集细竹，运往前线制作弓箭。这位采竹人直到冬天都没能满足官府的要求，只好来到野兽出没的荒郊野岭寻找。采竹人一边攀登悬崖峭壁寻找细竹，一边唱着悲伤的歌曲给自己壮胆。杜甫不禁感叹，即便是生活在偏远地区，普通百姓也无法逃避灾乱。

离开石龛后，杜甫一家就来到了目的地同谷范围内的积草岭。黎明前的黑暗总是最难熬的，进入同谷县内，不管是天气还是地势，都没有变好一点。杜甫一家面对着被阴云遮挡的天空、树林中吹起的阴风、山上嶙峋的怪石，是极为疲倦而恐惧的。幸好希望就在眼前，杜甫想着一定能带着家人在同谷过上好日子，便强打精神，翻过积草岭。

积草岭后面是泥公山，泥公山景致不错，鸟兽繁多，草木丰茂，但山路满是泥泞，因此才得名为泥公山。虽然有人在道路上铺上了木板，但仍然不能完全避免陷入泥淖中。杜甫的小儿子平日里最是灵活，如今却在泥淖中寸步难行。杜甫还看到，有猿猴、野鹿等动物掉进泥淖之中，挣扎不出来而丧命。所以，杜甫在诗歌《泥公山》中劝告后来人，到了泥公山千万要谨慎慢行，不要因为一时疏忽丢掉性命。整整跋涉了一整天，杜甫一家才走出泥公山。

过了泥公山，杜甫一家人抵达了距离同谷仅有七里的凤凰台。在古代，凤凰被看作是盛世才会出现的祥瑞。杜甫很喜欢凤凰，小时候就曾创作过关于凤凰的诗歌。如今抵达凤凰台下，自然是要留下作品的。在杜甫的想象中，据说没人上去过的凤凰台顶有一只失去母亲的幼小凤雏正在哀鸣求救。杜甫对凤雏说："我愿意用心、用血来浇灌你成长。只盼着你长大后能展翅高飞，为这天下带来盛世，消除百姓的忧愁！"可见，杜甫是愿意为了这个国家牺牲一切的，要是剖心取血能换来天下太平，他将义无反顾。

> **读而时思之**
>
> 　　离开秦州，杜甫继续踏上旅途。这一路可不比年轻时候游览天下，充满了艰难曲折，一路都是崎岖的山路。最后，他选择在同谷作为落脚点。

·同谷生活·

　　杜甫一家抵达同谷的时候已经是十一月了，至于杜甫为什么会前往同谷，我们只能从他的诗歌当中得知，是应一位"佳主人"的邀请而来。但是，这位佳主人是谁，杜甫在之后没有任何文字中提及过。

　　自从离开家庭的帮助后，杜甫的个人生活并不顺遂。在生活方面，他经常需要旁人接济。因为性格忠厚，他对别人给与帮助的时候必然会铭记于心，并且写诗感谢。既然这位佳主人没有出现在杜甫任何一首诗歌里，显然，这位邀请杜甫前来同谷的"佳主人"并没有给过杜甫帮助。

　　对方没有给杜甫帮助，杜甫就不肯在文字中提及，这样的做法似乎有些小气。如果了解杜甫在同谷这段时间里，究竟过着怎样的生活，就不会有这样的想法了。

　　在秦州时，杜甫一家的生活饥寒交迫。而在同谷，饥寒交迫就已经远远不能形容其悲惨程度了。他在《乾元中寓居同谷县作歌七首》中描述了在同谷的生活，在天寒地冻的时节，已是满头白发的杜甫连走路都走不稳。但他不得不奔波在荒凉的山谷间，只为了寻找一些橡子、栗子充饥。他手脚上的皮肤都被冻裂了，皮肤肌肉都僵硬得毫无知觉。远离了亲人，故乡也因为战乱无法回去，内心的悲哀无穷无尽。

　　这只是其中一首的描述，其他几首中，更多的描述了杜甫找不到吃的，全家人挨饿受冻的生活。在这样的环境下，杜甫不止一次觉得自己会死在这异乡，再也见不到兄弟和其他亲人。

　　居住环境同谷也相当差。杜甫居住在荒凉的山谷中，时常有大风骤雨。空气一直很潮湿，附近经常有野兽出没。深处这样的环境中，杜甫甚至开始反思自己为什么落到如此境地。

杜甫一家在同谷吃尽了苦头，这里显然不是杜甫一心想要寻找的"避地"。因此，在乾元二年，杜甫带着家人打算从同谷入蜀。李白的名篇《蜀道难》，开篇第一句就是"蜀道难，难于上青天"。杜甫想要入蜀，这注定不会是一段轻松惬意的旅程。这段经历被杜甫写成了一组十二首的纪行诗，记载了这一路究竟有多么艰难。

仅仅在同谷待了不到一个月，杜甫就带着家人收拾好行囊离开了。先是往东南方向走，前往栗亭。抵达栗亭后，他听说当年的友人吴郁的住宅就在附近的两当县。在担任左拾遗时，吴郁被贬官，这让杜甫非常不平。他本有机会替吴郁仗义执言，最终却一言未发，自觉对不起朋友，有负于明义。因此，他特意前往吴郁的故宅，作诗表达愧疚之情。

离开栗亭，杜甫一家先后穿过了险峻的木皮岭，汹涌的嘉陵江，狭窄的飞仙阁，陡峭的五盘岭，堪称绝壁的龙门阁。直到冬至之后，他们才来到嘉陵江边的石柜阁。虽然石柜阁栈道依旧是下有奔腾的江水，上有直上直下的绝壁，但经历了飞仙阁、五盘岭的洗礼后，杜甫已能做到心情平静，如古井那样毫无波澜。

几个危险的栈道过了之后，杜甫一家就来到了桔柏渡，过了河向南一百二十里，就是剑门了。此处有连绵不断的山峰，是入蜀之前的最后一道关卡。两边的断崖峭壁如同锋利的宝剑一样直插云霄，又因两侧相对如同一道门一样，所以被称为剑门。这里是出入蜀地的要道，历来都是兵家必争之地。杜甫抵达此处，留下了一首《剑门》，一面描述此处的景致，一面畅想发生在这里的许多关于英雄豪杰的故事。

离开剑门以后，距离成都就不远了。成都平原历来有天府之国的

美称，土地平坦广阔。面对这样的景色，杜甫也感受到心胸变得开阔，情绪逐渐高涨起来，特别是对在成都的生活，已经开始有所憧憬。

之所以来到成都，主要是因为杜甫当年在朝中的朋友裴冕等人都在蜀地。为了能在成都生活下来，他不吝在诗中大力褒扬裴冕，称有裴冕这样的老臣，治理成都这样的膏腴之地，简直就是蜀地人民的幸运。这样的称赞显然有失偏颇，事实上此人不管是才还是德，都称不上是优秀，玄宗时期攀附权臣王鉷，肃宗时期有拥立之功。到了代宗时期，他攀附祸国奸宦李辅国，口碑很差。杜甫在诗中大力褒扬，无非是起了要依靠裴冕生活的想法。

抵达成都后，这里马上就给杜甫留下了深刻的印象。傍晚时分，日影朦胧，道路两边都是繁茂的树木和华丽的房屋，四周传来悠扬的笙箫声，俨然是一处繁荣太平的好地方。杜甫一家在短短一年里迁移数次，终于找到这样一处几乎不受战乱影响的地方，杜甫禁不住热泪盈眶。但此处并非故乡，因此，刚刚抵达成都，看见江水东流，他又开始感伤不知道什么时候才能回到故乡，只能在心中安慰自己既来之，则安之。

到了同谷，杜甫全家受冻挨饿，显然这里不适合居住。仅仅一个月，杜甫就带家人继续前行，来到成都。终于，杜甫到达成都后觉得这里繁荣又安定，打算在这里住下来。

·浣花溪草堂·

杜甫抵达成都时正是一年年底，家家户户都在准备庆祝新年，但杜甫一家却缺衣少食，只能寄住在城西的草堂寺里。草堂寺历史悠久，规模宏大，拿出两间空房安置杜甫一家绰绰有余。而在成都做府尹的裴冕和彭州刺史高适听说杜甫来了，赶紧为他们送来了一些粮食。靠着朋友送来的粮食和邻居接济的蔬菜，杜甫一家不仅有了能遮风挡雨的屋子，也有了能吃饱的饭菜。

高适见到杜甫非常开心，写了《赠杜二拾遗》问候杜甫，他在诗中想象，杜甫每天过着与僧人谈天，吃僧人饭食，偶尔去听僧人讲经的生活。很快杜甫就作了应答《酬高使君相赠》回答高适：自己只不过是借住在寺庙里，米来自于友人赠送，菜得自于邻居的帮助，根本没有吃过僧饭；听僧人讲法倒是有的，经书对方却不让看。

上元元年（760），到了春天，杜甫已经住在草堂寺三个多月

了。寺庙之中环境不错，也不寂寞，但全家人住在这里终究有些不方便。于是，杜甫便筹划建造一座属于自己的草堂。虽然杜甫仍没有什么进项，但相信仰仗着亲友们，草堂总是能建起来的。

地址选在了成都西郊的浣花溪旁，那里环境清幽，溪水潺潺，正是杜甫理想中的居住地。为此，他创作了一首《卜居》，描述了自己轻松喜悦的心情：

浣花流水水西头，主人为卜林塘幽。

已知出郭少尘事，更有澄江销客愁。

无数蜻蜓齐上下，一双鸂鶒对沉浮。

东行万里堪乘兴，须向山阴上小舟。

修盖草堂的由杜甫一位姓王的姑表弟出资，姑表弟正在成都府担任司马，条件不错。杜甫对主动承担全部费用的表弟非常感谢，专门为他写了一首《王十五司马弟出郭相访兼遗营茅屋赀》以作酬谢。

这位王十五司马出资后，又给了杜甫很多帮助。因此，草堂很快就建好了。建好草堂只不过是安家的第一步，一座空无一物的茅屋是不能被称为"家"的。房子里面要有一些文雅的装饰，院子房子周围也要有篱笆和花草。要过日子，吃饭要用的锅碗瓢盆更是必不可少。

身无一物的杜甫自然没什么能拿来跟人换取想要的东西，便只好写大量的诗歌向不同的友人索取。他听说成都附近的大邑县出产的瓷碗品质最好，于是就写了《又于韦处乞大邑瓷碗》向大邑县少府韦班讨要。随后他又听说韦班有松树苗，就又写了一首诗给韦班，希望对方能送他一些树苗装饰院落。

除了韦班，萧实也接到了杜甫讨要桃树苗的诗歌。这一次杜甫并不像讨要松树苗时把诗歌写得小心翼翼，他"狮子大开口"索要桃树苗一百棵，并且要求萧实送到他家门口。显然，杜甫与韦班的关系远不如萧实来得亲近。绵竹县令韦续也接到了杜甫的诗，杜甫希望他能送来一些绵竹。绵谷县尉何邕接到了杜甫讨要桤树的诗歌，在诗歌中宣称何邕是他的知己，想必对方接到这样的诗歌一定不会拒绝。

这些在成都周边县的朋友杜甫尚且没有错过，又如何能错过成都本地的朋友呢？于是，住在石笋街果园坊的徐卿就见到杜甫急急忙忙前来讨要果木，因为要装点草堂，所以杜甫的要求非常直率，不管是绿李还是黄梅，统统都要！

仅仅用了一个春天，草堂就完成了。新房落成，最高兴的自然就是杜甫。他创作了一首《堂成》，借以表达高兴的心情：

背郭堂成荫白茅，缘江路熟俯青郊。

椔林碍日吟风叶，笼竹和烟滴露梢。

暂止飞乌将数子，频来语燕定新巢。

旁人错比扬雄宅，懒惰无心作解嘲。

这里的落成，指的仅仅是草堂的主要部分完成。至于其他的房屋，以及装饰、篱笆等设施，陆陆续续还要建上几年。

杜甫多年以来四处颠簸，如今总算是有了真正属于自己的一处安定居所。这里有小溪，有树林，环境优雅，气候宜人，算是一处杜甫心仪的"避地"。居住环境安定了，生活也变得好了起来。妻子、儿子都能怡然自乐，杜甫便有更多的时间和心思用在身边细微之处。

杜甫在这段时间创作的诗歌里，增加了许多以花草、鸟虫为主的内容，展示了他彻底去除了烦躁的心态。正是在这段时间里，杜甫创作了千古不朽的名作《春夜喜雨》：

好雨知时节，当春乃发生。

随风潜入夜，润物细无声。

野径云俱黑，江船火独明。

晓看红湿处，花重锦官城。

春天的雨是最有特色的，人们常说春雨贵如油，不仅是因为春雨尤其独特的细腻、顺滑的感觉，更是因为冬去春来，万物都需要雨水滋润。而在这个时候，雨水仿佛通晓人意一般，洒落人间，真真堪称是"好雨"。

这样的好雨，可不是为了得到人们的称赞。在夜里悄悄到来，滋润万物后，又悄悄地离去。杜甫这样描写春雨，是为了表达春雨的有情有义。云俱黑、火独明，两者相互映衬。漆黑的夜色里，只有一支船火独明，再搭配上淅淅沥沥的雨声，这是多么让人心旷神怡的美妙夜晚啊。杜甫的心思不禁飞到了第二天去，花朵因为这场春雨的滋润，必定会显得更加圆润厚重，色彩艳丽。

杜甫的草堂旁还有七八户人家，正是因为邻居少，所以格外熟悉。南边是朱山人，北边是个退休的县令，附近还有一个名叫斛斯融的朋友，杜甫经常和他一起喝酒。

杜甫写过诗歌赞颂朱山人，主要是因为这位朱山人品行高洁，虽然家境贫困却仍能不改志向，怡然自乐。杜甫很仰慕他，便为他作了一首《南邻》：

> 锦里先生乌角巾，园收芋栗未全贫。
> 惯看宾客儿童喜，得食阶除鸟雀驯。
> 秋水才深四五尺，野航恰受两三人。
> 白沙翠竹江村暮，相对柴门月色新。

杜甫不知道北邻的姓名，但这位北邻却与杜甫有不少共同爱好。两人都喜欢山水，都喜欢吟诗作对，都喜欢饮酒。因此，他们经常对饮，谈些文雅、风月的话题。

那位斛斯融也住在南边，当杜甫得知他也是洛阳人的时候，两人的关系在一瞬间就拉近了。这位斛斯融和杜甫一样是文人，和杜甫一样穷困潦倒。但杜甫却很少像他一样喝得酩酊大醉，所以两人相交的时间里，更多时候是杜甫在为这位酒友担心。

一次，斛斯融前往南郡讨要做碑的钱，很长时间都没回来。杜甫因为担心他，还特意作了一首《闻斛斯六官未归》，用来表达对他贫困境遇的同情和对他没能归来的担忧：

故人南郡去，去索作碑钱。

本卖文为活，翻令室倒悬。

荆扉深蔓草，土锉冷疏烟。

老罢休无赖，归来省醉眠。

其他几户邻居，都是目不识丁的农民，杜甫同样与他们关系融洽。心地善良的农民们经常会在收获蔬菜、粮食的时候给杜甫送来一些，杜甫会种草药，也时常投桃报李将草药分给邻居。只要邻居有邀请，不管是谁家，杜甫一定欣然前往。

杜甫身为一名官员，一名士大夫，在同时代的人眼中应该是有其独特的风骨和格调的。因此，杜甫敦亲睦邻的行为在古代记载中往往会得到负面评价。有的记载认为杜甫不检点，有的则认为杜甫和农民打成一片有损士大夫阶级的尊严。

但不管怎么样，杜甫就是喜欢与农民来往，就是与农民建立起了深厚的友谊。一次，杜甫外出散步，碰到一位附近的老农。老农盛情相邀，要杜甫到家里来饮酒。两人一边喝酒，一边谈论严武对当地的功绩，谈论老农的大儿子终于从军营中归来，能帮忙做农活了。老农还让家人打开最大的酒瓶，不停给杜甫倒酒、夹菜，非常热情。

酒宴从清晨杜甫出门，一直喝到月亮出来。杜甫数次打算回家，老农都拉住杜甫，不想让杜甫离开。这几年来，杜甫颠沛流离，去过许多地方。不管是亲人还是朋友，带给他的都是浓浓的失望。而这位老农邻居却给了他之前亲戚、朋友都不曾给过他的温暖、真情。此时此刻，老翁的直率、热情，显得那么可爱。

到成都后，杜甫在朋友的帮助下安顿了下来，总算能够吃饱穿暖。杜甫做了一件非常重要的事情——建造草堂。杜甫一家住在草堂内，日子终于好了起来。

·身处安宁，心存忧思·

　　杜甫作为一位伟大的爱国诗人，即便是在颠沛流离中也不曾忘记为国家担忧。如今，他已经建起了属于自己的草堂，有了稳定的生活，又怎么能不关注北方的故乡，关注国家局势呢？

　　此时，安庆绪被史思明杀死，吞并了安庆绪势力的史思明成为最大的一股势力。唐王朝方面，肃宗信任后宫张氏和奸宦李辅国，导致手中权力逐渐被剥夺，最后甚至到了被挟制的地步。

　　鱼朝恩与李辅国不管国内形式，逼迫李光弼放弃攻打更合适的范阳，转而进攻洛阳。肃宗信任的异族将领仆固怀恩刚愎自用，导致唐军被史思明击败，辎重装备被大量抢走，士兵也战死了几千人。

　　眼见唐王朝的情况如此糟糕，天下人有谁能不忧心忡忡呢？幸好史思明和安禄山一样，是野心勃勃、刻薄寡恩的人。没多久，叛军内部就发生了叛乱。

　　史思明有两个儿子，第一个是其发迹前所生的史朝义，第二个是土豪辛氏所生的史朝清。子凭母贵，史思明更喜欢史朝清。

　　史朝义为人还算不错，对部下很好；更得父亲宠爱的史朝清却经常凌虐下属，不得人心。史思明称帝之后，派史朝义攻打陕州，一次次地失败。这让史思明更加厌恶他，甚至产生了要杀掉史朝义，立史朝清为太子的想法。于是，史思明对史朝义下令，如果打不下山州，就要军法处置。

这是故意刁难，史朝义怎么能不清楚呢？他赶紧找来部下商议，想出上下两个计策。上策，说服史思明改变军令。下策，投奔大唐。于是，史朝义就派出骆锐和蔡文景两人，叮嘱他们要好好向史思明求情。

骆锐和蔡文景哪里像史朝义那样心慈手软，得了史朝义的命令后，马上点起三百士兵杀到史思明住处，把他抓了过来。史朝义还在犹豫不决，骆锐和蔡文景两人却没有回头路，便极力劝说他杀死史思明。史朝义最终下了决心，杀死史思明及史朝清母子，自封皇帝。

叛军多是安禄山麾下部将，史思明杀死安庆绪称帝，大多数人都很不满。到史朝义称帝的时候，叛军便更加心怀鬼胎，各奔东西。

叛军一片混乱，对朝廷本该是件好事。但是，内忧尚未去除，外患又在眼前。即便是在一片安详的蜀地，也开始有吐蕃人侵扰。杜甫得知这样的情况，如何能不心痛，如何能不为国家担忧呢？在这段时间里，他所创作的诗歌要么就是思念家乡、亲人，要么就是忧虑国家，盼望李光弼、郭子仪等将军能一举成功，彻底平定叛乱。

上元二年（761），杜甫的老朋友崔光远成了新的成都尹，当年杜甫为房琯说情，被肃宗安排高规格会审的时候，担任大理寺卿，放他一马的正是崔光远。这一年的四月，梓州刺史段子璋造反，袭击东川节度使，自封梁王，盘踞绵阳，改元黄龙。一个月后，杜甫的两位老朋友崔光远和高适便合兵一处，讨伐段子璋，攻打绵州。

此时唐军早已不是当年那样的军队了，不仅作战能力不够，军纪也非常败坏。崔光远有一个副手花敬定，他纵容麾下士兵在东蜀大肆劫掠，为了从百姓手中抢夺财物，甚至砍断了对方的手腕，被乱军杀害的百姓多达数千人。肃宗听说以后勃然大怒，将崔光远治罪。崔光远又是愧，又是恨，最后郁郁而终。

杜甫也为花敬定作过诗，这首《赠花卿》不仅是一首佳作，其中更是有流传千古的名句：

锦城丝管日纷纷，半入江风半入云。

此曲只应天上有，人间能得几回闻？

对于这首写给花敬定的诗歌，历来都有着不同的看法。有人认为，这首诗只是单纯地称赞音乐的美妙。还有人认为，这首诗明褒暗贬，藏有讽刺意味。特别是其中的名句，"此曲只应天上有"，天上指的是皇家，指的是大唐宫廷。那么，一个普通的将领敢用"只在天上有"的乐曲，这不就是僭越吗？僭越在封建王朝可是大罪，可见杜甫对于花敬定的狂妄是颇有微词的。

之后，杜甫又作了一首《戏作花卿歌》，其中依然有讽刺意味，但归根究底还是在为花敬定说好话。花敬定的部下残害平民，害死了崔光远，但驻扎地军民对他的评价却很高。花敬定最后在讨伐贼寇中

人物档案

崔光远（？—761），博陵安平（今河北安平县）人，将领。门荫入仕，起家唐县安令。安史之乱时，授西京留守采访使，迁拜御史大夫、京兆尹。安禄山攻入长安，授予京兆少尹，逃向灵武，擢为御史大夫。平定叛乱后，拜礼部尚书、邺国公，出任剑南节度使。讨平段子璋后，失守魏州，不能禁止部下抢掠，坐事论罪。唐肃宗上元二年，忧郁而卒。

杜甫传

第六章 蜀中安·自笑狂夫老更狂

为国捐躯，当地流传着许多关于花敬定英勇善战的传说故事。至于残害平民，是一个字都不会提的。

据后人的记载，花敬定后来被封为"忠烈广福仁佑文惠王"，可见朝廷对于他的评价，也是肯定的。至于有史料记载的，花敬定纵容部下杀死数千百姓，在东蜀大肆劫掠，未必就一定是真的。那么，杜甫为花敬定创作的两首诗，也未必真的就如人们猜测的那样，是带有讽刺意味的。

安史之乱时，玄宗放弃长安，带着少数心腹前往蜀中躲避。这部分随玄宗出宫的人里，就有许多为玄宗表演歌舞的伎人。但在逃亡的过程中，兵荒马乱，难免有人跟不上队伍，失散在民间。

根据唐朝礼制，在教坊中传授的乐曲，虽然主要在宫廷中演奏，但并没有明令禁止这些乐曲外流到民间时，不可演奏。演奏这些乐曲，并不算逾制，那么杜甫诗歌中的"锦城丝管日纷纷"，并不算违反法令。也就是说，杜甫说的"此曲只应天上有，人间能得几回闻"，是发自内心地夸赞乐师技巧之美妙。至于另一首《戏作花卿歌》，是当面赠与花敬定的。相信以两人身份之差距，杜甫应该不会极尽讽刺，给自己找麻烦。

杜甫除了种植草药外，几乎没有其他的收入方式。日常生活，要是没有朋友接济的话，就会变得困顿不堪。身为彭州刺史，高适的条件尚可，但总不能每日都把心思放在这位贫困的老友身上。所以，接济时有时无，有时候杜甫非常需要，高适却没能给他帮助。所以，杜甫便写诗向高适求助，希望他能拯救自己的急和难。

唐兴县王潜曾邀请杜甫写了一篇《唐兴县客馆记》，这篇文章对于杜甫有着特别的意义，因为这是唯一一篇由杜甫创作的记体文。文章中记录了王潜的高风亮节，不用百姓之财，不用官府之物，拿出自己的家财为唐兴县修建客馆。而杜甫在贫困的时候，也数次写信给王潜，请求帮助，王潜便会时常接济杜甫。

光是靠着亲友的帮助，杜甫一家是难以生存的。所以，地方官员也是杜甫求助的对象。向亲友开口，已经很让杜甫汗颜了，这也是他求助时尽量奉上诗歌的原因。对于地方官员这些手中掌权，却并不很熟悉的人，杜甫就只能摆出谄媚的样子，强颜欢笑哄地方官员开心。

以杜甫本人的性格，他自然是不愿意这样做的。但家中还有等着他带回衣食的老妻，还有嗷嗷待哺的孩子。要是杜甫空手而回，就只能在家徒四壁的房屋里与妻子相顾无言。

上元二年，杜甫的生存状况更加糟糕。草堂前的一棵老楠树在夏天时被吹走了，秋天又因为一场大风失去了草堂顶上的茅草。这些茅草被南村的顽童抱走，导致狂风暴雨的夜晚，杜甫一家要面对棚顶漏雨、八面漏风的居所。也正是因为此事，杜甫创作了希望天下百姓都能安居乐业的《茅屋为秋风所破歌》：

八月秋高风怒号，卷我屋上三重茅。

茅飞渡江洒江郊，高者挂罥长林梢，下者飘转沉塘坳。

南村群童欺我老无力，忍能对面为盗贼。

公然抱茅入竹去，唇焦口燥呼不得，归来倚杖自叹息。

俄顷风定云墨色，秋天漠漠向昏黑。

布衾多年冷似铁，娇儿恶卧踏里裂。

床头屋漏无干处，雨脚如麻未断绝。

自经丧乱少睡眠，长夜沾湿何由彻！

安得广厦千万间，大庇天下寒士俱欢颜，风雨不动安如山。

呜呼！何时眼前突兀见此屋，吾庐独破受冻死亦足！

  在这段时间里，杜甫的生活是不幸的，他的肉体是痛苦的，精神上也备受折磨。但此时此刻，他还是提出了"何时眼前突兀见此屋，吾庐独破受冻死亦足"这样充满自我牺牲精神的感言。除此之外，与此类似的还有《枯棕》《病橘》《病柏》等诗歌，都是表达对贫苦百姓的同情，对朝廷不满的作品。其中的《病柏》，更堪称是唐王朝由盛转衰的缩影。

  上元二年秋天，由于天气转凉，北方的党项、吐谷浑等少数民族开始进犯川陕地区。他们不仅掠夺人口，更是对百姓辛辛苦苦一年来种的粮食毫不留情。这些人骑在战马上，来去如风，少数官兵根本无法有效防御，只能看着他们抢走粮食。杜甫为此作了一首《大麦行》，这首诗歌可以看作是杜甫将民歌与诗歌相结合的大成之作：

大麦干枯小麦黄，妇女行泣夫走藏。

东至集壁西梁洋，问谁腰镰胡与羌。

岂无蜀兵三千人，部领辛苦江山长。

安得如鸟有羽翅，托身白云还故乡。

读而时思之

　　在成都定居下来，杜甫还不忘心系国家。杜甫在这里除了靠朋友救济外，还种植药草，可这样也不能维持生活。杜甫不得不又去谄媚当权者，以得到他们的赏赐。后来，杜甫草堂屋顶漏雨，杜甫的生活又变得不幸起来……

·天涯喜相见·

　　杜甫写过不少向亲朋好友求助的诗歌，甚至为此吹捧过一些人品不佳之人，以至于自身的品行也被人怀疑过。杜甫是极有风骨的，而这风骨，正是导致他一贫如洗的原因。

　　在上元元年秋天，高适的刺史职位从彭州转到了蜀州，距离成都有百里之远。杜甫曾前往蜀州去找高适，作《奉简高三十五使君》，写下"天涯喜相见，披豁对吾真"的诗句。而段子璋的叛乱被平定后，高适也曾到草堂看望杜甫。崔光远死后，高适就成了代理成都尹，杜甫向高适发出邀请，高适就带着朋友和美酒过来了。

　　年底，蜀州李司马在皂江上修建竹桥，方便来往百姓通行。桥梁落成的时候，李司马邀请杜甫前去观赏，杜甫应邀前去，还作一首诗来歌颂李司马。

　　从这几件事情看，杜甫在蜀中颇有名望。如果他想要通过亲朋好友求个一官半职养家糊口，相信这些朋友都不会拒绝他，杜甫也不必生活得如此困难。

在蜀州时，严武被任命为正式的成都尹。严武与杜甫的关系非同一般，两人本就是世交，又都和房琯十分亲密，在乾元二年（759）一起被贬谪。严武被贬为巴州刺史，后来先后升为东川节度使、西川节度使节制两川，地位颇高。

上元二年（761），严武到成都上任。他知道杜甫有才华，也知道杜甫如今的生活不太好，因此邀请杜甫到他府中担任官员。没想到，生活落魄并没有改变杜甫弃官时的志向与风骨，他几乎没有犹豫就回绝了严武。严武作为好朋友，自然不能遭到一次拒绝就放弃，他写诗劝说杜甫，说杜甫有汉代名士祢衡的才能，难道仗着才能就不想要去朝廷做官了？杜甫则回答，自己生性慵懒，习惯了隐居生活，就好像魏晋名士阮籍一样已经不懂俗世礼法了。

遭到拒绝的严武不以为忤，依旧与杜甫交好。两人一起到郊外寻访美景，泛舟江上，在夜晚远眺夜空。虽然杜甫不愿意在严武府中做官，却经常勉励他做事要细心，要早早建功立业。严武有了喜欢的东西，也会派人送给杜甫。一次，严武派人送来一瓶青城山道士酿的乳酒。这种酒在酿制过程中使用了马乳和葡萄，味道香浓。杜甫刚刚闻到香气，就迫不及待地当着来人的面品尝起来，又借着酒香尚在，写下一首谢诗。

严武和杜甫年纪相差十四岁，虽然杜甫年长，但严武照顾杜甫的地方更多。不管是从政治上还是生活上，杜甫都颇为仰仗严武的帮

杜甫传

第六章 蜀中安·自笑狂夫老更狂

135

助。因此，人们常说杜甫最钦佩的人是李白，但最为交好的却是严武。

虽然杜甫没有家财，没有官职，但却依旧竭尽所能地在自己能做到的事情上帮助严武。上元元年末，蜀地发生了严重的干旱。杜甫作为地道的儒家子弟，自然是相信大儒董仲舒在汉朝时期就提出的"天人感应"思想，认为天灾往往是因为皇帝、朝廷、地方官员有做的不好的地方。于是，杜甫写了一篇文章给严武。

在文章中，杜甫提出要先清理冤狱，有可能是因为监狱中的怨气太重，导致蜀地大旱。另外，在这场灾难中，蜀中百姓受害最大。平日就要缴纳大量的赋税，又遇上此等天灾，许多人连饭都吃不饱了。因而，减免赋税，让百姓过得轻松些是非常重要的。东西两川的士兵们辛苦服役，他们的家人还要缴纳大量赋税，这不合理，希望能得到减轻。不管天人感应思想是否是真的有用，杜甫这些建议的确是对蜀地百姓有好处的。也正是在这一年的四月，终于天降大雨，旱情消除。为此，杜甫特意写了一首《大雨》，以表喜悦之情：

西蜀冬不雪，春农尚嗷嗷。
上天回哀眷，朱夏云郁陶。
执热乃沸鼎，纤絺成缊袍。
风雷飒万里，霈泽施蓬蒿。
敢辞茅苇漏，已喜黍豆高。
三日无行人，二江声怒号。
流恶邑里清，矧兹远江皋。
荒庭步鹳鹤，隐几望波涛。
沉疴聚药饵，顿忘所进劳。
则知润物功，可以贷不毛。
阴色静陇亩，劝耕自官曹。

四邻耒耜出，何必吾家操。

从这首诗歌中，仍然能体会到杜甫悲天悯人的思想，以及为了百姓不惜奉献自己的精神。他所居住的草堂，原本就情况不佳，再遭遇大雨，简直是没有一处不滴水。即便如此，他还是非常高兴，毕竟有了这场大雨，地里的庄稼能长得更高。面对这种情况，自家的房子漏雨又算什么呢？

杜甫的喜悦之情并没能保持太久，玄宗此时幽居西宫，日日思念已故的杨贵妃，逐渐觉得了无生趣。有方士自称能让杨贵妃的阴魂与玄宗见面，通灵之后，玄宗更加黯然神伤。但为了见杨贵妃，他开始日日辟谷修炼。玄宗的身体原本就已油尽灯枯，哪里还经得起辟谷呢？于是没多久玄宗就驾崩了。

肃宗此时被张皇后、李辅国等人控制，已经几个月没见过玄宗了。得知玄宗驾崩的消息，他悔恨交加，痛哭流涕，进而卧病在床，只能让太子李豫主政，同时，大赦天下，将玄宗朝的大臣赦免。

肃宗病情越是重，皇权就越是没有威慑力。李辅国权势滔天，就连皇后都不放在眼里。张皇后本就野心极大，哪里肯任由李辅国拿捏，就找太子商量，打算除掉李辅国。但太子李豫性情并不刚强，担心杀死李辅国会刺激肃宗的病情。张皇后又转而和越王李系商量，准备找两百个精壮太监，刺杀李辅国。

张皇后和李系的漏密，还没有动手，奸臣程元振就把此事报告李辅国。李辅国勃然大怒，指挥党羽准备打探消息，铲除李系。他在路上遇到太子李豫，就假传太子旨意，将李系一党尽皆关入监牢。张皇后听说事情败露，赶紧逃往肃宗卧室寻求庇佑。

此时的李辅国就连肃宗都不放在眼里，居然派人包围肃宗的寝宫，逼张皇后出来。见张皇后不敢出来，他居然亲自走入肃宗寝宫，把张皇后拖了出来，随后将张皇后的下人全部打入冷宫，张皇后被杀。而在这个过程中，肃宗也驾崩了。太子李豫在肃宗灵前继位，是为唐代宗。

李辅国此时已独揽大权，代宗对他无可奈何，只能强颜欢笑，称李辅国为尚父。李辅国也毫不客气，居然对代宗说："陛下待在这深宫里就好，外面的事情老奴会处理的。"

与李辅国一起拥立太子的奸臣程元振不想与李辅国一起分享权力，就秘密与代宗一起逐步消减李辅国的权力，先后解除了他行军司马、兵部尚书、中书令等职务。随后，他们又派杜济假扮强盗去刺杀李辅国，这个权倾朝野的宦官就被刺死了。

没了李辅国的威胁，代宗拥有了一定的权力。他将严武召回京城，担任京兆尹以及负责建造肃宗陵墓的山陵道桥使。接任严武成都尹职位的是高适，他还兼任了西川节度使。杜甫得知严武要回京的消息，非常不舍。但严武身负要务，必须要以国事为先。因此，杜甫作下一首《奉送严公入朝十韵》，表达自己的不舍之情，以及对严武能建立功勋的美好祝福：

鼎湖瞻望远，象阙宪章新。

四海犹多难，中原忆旧臣。

与时安反侧，自昔有经纶。

感激张天步，从容静塞尘。

南图回羽翮，北极捧星辰。

漏鼓还思昼，宫莺罢啭春。

空留玉帐术，愁杀锦城人。

阁道通丹地，江潭隐白蘋。

此生那老蜀，不死会归秦。

公若登台辅，临危莫爱身。

仅仅是一首诗，自然不能完全表达杜甫的情绪。两人即将分别，杜甫却突然有了说不完的话。于是，杜甫居然送了严武三百余里。抵达绵州的时候，已经是七月份了。杜济就在绵州做刺史，盛情款待了严武和杜甫一行人。杜甫在席间吟诗作赋，称赞从孙杜济。严武也写诗与杜甫作别，依旧劝告杜甫不要因为政治状况太过消沉，更不要隐居，有机会就该出山做官，还告诉杜甫要保重身体，有事常联系。

第二天，本该就此别过，但杜甫还是舍不得。于是，他就跟着严武直到绵州以北三十里外，写了一首《奉济驿重送严公四韵》：

远送从此别，青山空复情。

几时杯重把，昨夜月同行。

列郡讴歌惜，三朝出入荣。

江村独归处，寂寞养残生。

诗歌当中称颂严武在蜀地的重要功绩，但此时自己要与严武分别，去过寂寞的隐居生活了。

没想到，在这混乱的世道，一切变化得都是那样快。严武还没走远，成都少尹徐知道就起兵造反，自封成都尹、御史中丞、剑南节度使。他派兵切断了剑阁前往长安的要道，以防备朝廷派兵平乱。严武

走不出剑阁，只能停留在蜀地境内。杜甫听说以后，赶紧寄书一封，一边表达关切，一边宽慰他。严武收到以后也作了回答，不仅有对杜甫的赞誉，更有对杜甫的思念。

　　杜甫来到成都的前两年，生活依旧贫困，附近也发生过战乱，但这些对性情早已恬淡的杜甫来说，都不算大事。特别是在严武抵达成都后，杜甫在他的帮助下过上了一段衣食无忧的生活。可惜，还是因为战乱，杜甫不得不离开浣花溪草堂，重回四海为家，飘泊天涯的生活。

> **读而时思之**
>
> 　　杜甫在蜀中颇有威望，受到当地士人的尊敬。如严武此前和杜甫就是好友，这次二人在四川重逢。然而好景不长，朝内发生政变，肃宗驾崩，代宗即位。后来，杜甫又因为战乱离开草堂，继续漂泊。

志难酬 · 艰难苦恨繁霜鬓

> 艰难苦恨繁霜鬓，潦倒新停浊酒杯。
>
> 万里悲秋常作客，百年多病独登台。
>
> 无边落木萧萧下，不尽长江滚滚来。
>
> 风急天高猿啸哀，渚清沙白鸟飞回。
>
> 登高
>
> 杜甫

· 颠沛流离的流亡生活 ·

　　徐知道本是个小小的成都少尹，之所以敢发动叛乱，正是因为严武刚刚离开，高适还没抵达成都。见成都内部空虚，徐知道就赶紧联合羌人，阻塞剑阁，打算攻陷成都附近州县。然而，高适也不是好惹的，他马上联合其他州县兵马，攻破徐知道大军。

叛军本就缺少忠心，胜利时尚且能维持表面上的团结，一旦失败，就开始争权夺势，内讧不断。没多久，徐知道就被部将李忠厚杀死。但李忠厚比徐知道更加凶残，他派人在富裕的成都府烧杀抢掠，即便匪首徐知道已死，但叛乱却仍然没有平息。

杜甫因为去送严武，错过了回成都的时机，只好在绵州待了下来。幸好有从孙杜济相陪，四处游览，日子过得倒也还算可以。在绵州这段时间里，杜甫结识了前往梓州赴任的李使君。杜甫写下一首《送梓州李使君之任》，诗中希望李使君能替自己到射洪凭吊唐代诗坛先驱陈子昂。

陈子昂与唐代其他文人在早年间颇有相似之处，他仗义疏财，慷慨任侠。参加科举中了进士后，他便写了些针砭时弊的文章，得到了武则天的赞赏。陈子昂的成功是因为针砭时弊，没落亦然。因为反对武氏集团的腐朽统治，他屡遭陷害，不仅被贬官，还先后两次被发配边疆。后来陈子昂对朝政深感失望，就主动弃官。没想到，武三思也不肯放过他，命射洪县县令陷害、迫害陈子昂，最后陈子昂死于狱中。

杜甫的祖父杜审言与陈子昂交好，两人还曾互赠诗歌，所以杜甫才有求李使君代为凭吊陈子昂的请求。

杜甫在长安出入显贵门楣的时候，曾与汉中王李瑀相交莫逆。如今听说李瑀也在梓州，为何不相见呢？他怀着激动的心情，先是写了几首诗打前站，随后便奔赴梓州与李瑀相见。此时，两人已经整整五年没见。见面时，两人都已经鬓白如霜了。

前往梓州是杜甫的愿望，同样也是无奈之举。虽然草堂中的妻儿使他牵肠挂肚，但不能回成都，他也做不了什么。因此，才有了"十步一回首"这样的诗句。幸好消息还能传递，杜甫的家人知道杜甫在梓州，虽然担心，但总比杳无音讯要好。杜甫作了一首《客夜》，报告家人自己的情况：

> 客睡何曾著，秋天不肯明。
> 卷帘残月影，高枕远江声。
> 计拙无衣食，途穷仗友生。
> 老妻书数纸，应悉未归情。

徐知道叛乱被平息，成都重新回到高适的掌控之中。这个时候，杜甫仍在梓州。他写信给高适，诉说怀念之苦，盼望回家能与高适相聚。与此同时，既然高适回到了成都，留在浣花溪草堂的妻儿就有人照顾了。这一年的重阳节，杜甫就是在梓州度过的。古人在重阳节时有登高处、插茱萸、饮雄黄、赏菊花、怀念亲人的习俗。这一年的重阳节，杜甫漂泊在外，也只能"每逢佳节倍思亲"了。他写下一首《九日登梓州城》，怀念的不只是妻儿，还有在战争中失散，多年没见的弟弟妹妹：

> 伊昔黄花酒，如今白发翁。
> 追欢筋力异，望远岁时同。
> 弟妹悲歌里，朝廷醉眼中。
> 兵戈与关塞，此日意无穷。

到了宝应元年（762）秋冬时分，杜甫才从梓州回到草堂。他认为，成都已经是一块是非之地，不如全家都到梓州去，看到搭建的几间草堂，如今已是破败不堪，便更觉得这里没什么可怀念的了。自己已经是"游子无根株",只能"茅斋付秋草"了。

到了梓州,和在成都一样要依靠亲友的帮助。只不过,在这里帮助他的变成了汉中王李瑀和梓州李使君。安顿好家小是杜甫要做的第一件事情,之后,他就急匆匆地找时间去射洪县了。射洪县的金华山玉京观中,还留有陈子昂读书时候的遗迹。杜甫来到此处,回想往事,不禁感慨万千。随后,又凭吊了陈子昂在射洪县的故居,写下一首《陈拾遗故宅》:

> 拾遗平昔居,大屋尚修椽。
> 悠扬荒山日,惨澹故园烟。
> 位下曷足伤,所贵者圣贤。
> 有才继骚雅,哲匠不比肩。
> 公生扬马后,名与日月悬。
> 同游英俊人,多秉辅佐权。
> 彦昭超玉价,郭振起通泉。
> 到今素壁滑,洒翰银钩连。
> 盛事会一时,此堂岂千年。
> 终古立忠义,感遇有遗编。

对于陈子昂,杜甫的心情是很复杂的。陈子昂在文学上的成就,让杜甫心潮澎湃,认为他是能与日月争辉的。但是,这样一位大才,却始终没能成为朝堂要员,一生经历坎坷。这样的描述,难免让人从中读出些其他味道。可能杜甫在写陈子昂的时候,也想到了自己飘零半生,不得重用的悲惨经历吧。

杜甫来射洪,可不是有太多空闲时间,四处游玩来了。除了凭吊陈子昂,还有一件重要的事情要做,那就是继续找人帮忙,寻求谋生之道。在射洪县的日子里，他认识了县尉李明甫。此人性格豪爽大方，于是杜甫便向他倒起了苦水。杜甫想要出峡向东，但没有路费，只能在川北地区流浪。

在射洪县，杜甫没有得到想要的帮助，于是就南下前往通泉县。他启程动身的时候启明星刚刚升起，寒气袭人，江面上满是浓雾。抬头看去，晨星闪烁。面对如此寂寥、孤独的景色，杜甫不禁感怀身世，创作了《早发射洪县南途中作》：

将老忧贫窭，筋力岂能及。
征途乃侵星，得使诸病入。
鄙人寡道气，在困无独立。
俶装逐徒旅，达曙凌险涩。
寒日出雾迟，清江转山急。
仆夫行不进，驽马若维絷。
汀洲稍疏散，风景开怏悒。
空慰所尚怀，终非曩游集。
衰颜偶一破，胜事难屡把。
茫然阮籍途，更洒杨朱泣。

在诗中，杜甫感叹年事已高，却因为生活只能四处奔波，寻求帮助。旅途上的景致不错，但这无法让他打起兴致来。自己就如同阮籍那样，穷途末路，举目茫然。又像是战国时期的杨朱一般，在分岔路口挥洒泪水。

抵达通泉县后，杜甫受到了姚县令和王侍御的热情款待。杜甫在宴席上含蓄作诗，希望能得到姚县令的帮助，但好像未果。于是，杜甫只好收拾心情，前往代国公郭震的故居瞻仰。

郭震，后更名为郭元振，射洪县就是郭震最开始做官的地方。但是，郭震在射洪担任县尉时不算好官。他私铸铜钱，贩卖人口，百姓都很讨厌他。郭震的恶名居然连远在长安的武则天都知道了，她将郭震叫到京城，打算治罪。没想到，郭震口才极好，把他的作品《宝剑篇》献给了武则天。武则天见郭震才华横溢，居然放弃治罪郭震，甚至还封他为右武卫铠曹参军。

实际上，郭震的确很有才华，他先是在离间吐蕃君臣的时候献上重要计策，随后又辅佐玄宗剿灭太平公主叛乱，被封为代国公，之后更是在守卫边疆的时候立下了赫赫战功。杜甫在郭震的故居，感慨郭震立下的匡扶社稷的功劳。而当年郭震献给武则天的《宝剑篇》，让杜甫心神激荡，高声朗诵。

瞻仰郭震故居，看作是杜甫游览射洪、通泉这一旅程的结尾。回到梓州，杜甫发现战争形势发生了转变。代宗掌权后，让雍王李适担任天下兵马元帅，仆固怀恩为天下兵马副元帅。集合了中原各路以及来自回纥的兵马，总共十几万大军，讨伐史朝义。陕西节度使郭英义和神策军观军容使鱼朝恩，泽潞节度使李抱玉，河南道副元帅李光弼也从各地出兵响应，攻打叛军。

叛军大势已去，史朝义在卫州被仆固怀恩击败。逃跑到魏州后，联合部将田承嗣再次与唐军交战。田承嗣被击溃后，史朝义又率领魏州军前来，被击败。部下薛嵩、张忠志纷纷投降。史朝义逃往贝州，在贝州汇合薛忠义，进攻临清，又被击败。回纥兵与唐军合流后，势力更大，在下博击败史朝义。史朝义逃往莫州，唐军包围了莫州城。

史朝义部将田承嗣见再无回天的可能，就骗史朝义突围去幽州找救兵来解围。史朝义悍勇，居然率领五千精兵逃出包围圈。史朝义刚走，田承嗣就开门献城，把史朝义的家人都献给了唐军。唐军继续追击史朝义，史朝义一路从归义败走到范阳。范阳李怀仙不肯给史朝义开门，反而向唐军投诚。史朝义此时麾下只余几百残军，便打算投奔契丹。李怀仙派人追上史朝义，将其吊死在树林里。

叛军剩余将领纷纷投降，仆固怀恩担心叛乱彻底平定自己就没了用处，于是劝说代宗收留叛军将领。代宗早已被多年叛乱搞得疲惫不堪，于是就同意了仆固怀恩的意见。这标志着长达八年的安史之乱彻底结束，天下终于出现了太平的征兆。

八年的战乱终于结束，在杜甫眼中，天下要太平了，百姓要安居乐业了，大唐中兴又有希望了。因此，他难以抑制心中的狂喜，写下了名篇《闻官军收河南河北》：

剑外忽传收蓟北，初闻涕泪满衣裳。

却看妻子愁何在，漫卷诗书喜欲狂。

白日放歌须纵酒，青春作伴好还乡。

即从巴峡穿巫峡，便下襄阳向洛阳。

每个人在当下都会去思考，如果某件事情不发生，如果自己做出的选择不是这样的，现在应该过着怎样的人生。杜甫也不能例外，在这八年里，杜甫的经历简单用八个字就能概括：颠沛流离，穷困潦倒。也许，没有这八年的叛乱，杜甫会定居在洛阳，定居在长安，与兄弟姐妹在一起。又或者，在某个小地方做官员。不管是哪一种，这八年时间给杜甫带来的伤害实在太大了。

因此，杜甫在听说安史之乱彻底结束的时候，不禁泪流满面。从这以后，杜甫再也不用苦苦寻找那远离战争的"避地"，只想要趁着明媚的春光，纵酒狂欢，从襄阳下洛阳，回到故乡。

> **读而时思之**
>
> 蜀地发生叛乱，杜甫不得不再次逃亡。这次杜甫没有带上家人，而是孤身一人来到了梓州。之后叛乱被平，杜甫回到了草堂。而后杜甫又辗转多地，直到安史之乱结束的消息传来。杜甫不禁泪流满面——终于可以回家了！

·阆州行·

安史之乱在宝应元年（762）十一月结束，不管当时杜甫多么的狂喜，多么的想要回到洛阳见见亲朋好友，他冷静下来后，都不能马上出行。饭要一口口吃，事要一件件做，既然战乱平息，什么时候都能回家，杜甫反而不是那么着急。于是，他从梓州开始，在附近进行简短的游历。

杜甫先是到了涪城县，这里有著名的香积山，山上还有一座香积寺。杜甫参观过香积寺后，游兴未减，又陆续参观了牛头寺、兜率寺、惠义寺等寺庙，每到一处，都会留下一两首诗作。

此时此刻，杜甫的生活还是很有希望的。在阆州，杜甫作了一首《奉寄别马巴州》，这首诗歌本身并不重要，但是在诗歌注解里有一条信息，杜甫当时还在担任京兆功曹，只不过人在东川。特别是诗歌开头两句："勋业终归马伏波，功曹非复汉萧何"，汉代官制与唐代不同，功曹已经是个小官了。杜甫即便担任了功曹，也不可能像萧何一样建功立业。

乾元二年（759），杜甫弃了华州司功参军不做（764），到广德二年，已经过去了五年整。按照之前说过的唐朝铨选制度，杜甫到了该接受新官职的时候。元稹给杜甫做过墓志铭，曾提到过杜甫担任过京兆功曹。由此可见，虽然杜甫觉得做功曹已经不能建功立业，但他还是放弃了隐居的想法，接受了这一职位。众所周知，杜甫又因为担任过检校工部员外郎而被称为杜工部，这一官阶为六品上。华州司功参军是七品下，杜甫要是无所作为，又没有铺垫，直接连跳几级，显然是不现实的。所以，杜甫极有可能接受了京兆功曹这个职位。

离开梓州后，杜甫的足迹还抵达过汉州。房琯被贬官后，先是做了晋州刺史，随后又做了汉州刺史。那么，杜甫很有可能是去拜见房琯的。杜甫被贬官，就是因为帮房琯说话。虽然他可能想不到，这一被贬居然颠簸半生。不管如何，房琯应该感激杜甫的仗义执言，杜甫也是对房琯极有感情。可惜，两人并没能顺利相见。杜甫抵达汉州的时候，房琯却已经被朝廷召回，去做刑部尚书了。

杜甫与房琯的关系，继任的汉州王刺史是知道的，而绵州刺史杜济也在附近。在两人的陪同下，杜甫在汉州好好地游览了一番。他们泛舟湖上，王刺史还做主，把房琯在湖上饲养的一群大白鹅送给了杜甫。杜甫很是开心，他作了一首《得房公池鹅》，之后又作了《舟前小鹅儿》。他一会儿自比王羲之，夸耀自己的书法，一会儿称赞鹅的毛色鲜亮，姿态可爱。总而言之，之前积压在他心中的郁气，似乎正在消散。

赶在春天的尾巴，杜甫重回梓州，梓州刺史章彝开始与杜甫频繁往来。生活上没有了压力，但他忧国忧民的心思是改不掉的。这一年依旧干旱，杜甫回到梓州许久才下了一场小雨。与小雨能否解除旱情的忧虑相对，大唐土地上还有小股的盗贼在扰乱百姓的生活。杜甫担忧，安史之乱的平定，能否真的解除国家的混乱。

杜甫的担忧不无道理，盗贼出现在"浙右"，虽不是安史之乱余波，也与安史之乱关系密切。唐军与安史叛军连年交战，关中地区早已山穷水尽，无法提供物资给朝廷了。而河南、河北、山东等地还在叛军手中。朝廷想要获得物资，驱动军队镇压叛军，就只能对其他地区的百姓增加赋税。其中，被剥削最重的就是江淮百姓。

江南百姓不愿承受压迫，于是就有名为袁晁者，呼吁百姓抵抗朝廷。百姓蜂拥而至，纷纷响应。但这场起义不过只持续了八个月，就被李光弼的一个下属给平定了。杜甫对于战争已经非常痛恨了，至于江南百姓遭受的剥削，在他眼中也是为国尽忠，理所应当。关中地区已经凋敝不堪，朝廷还能有什么办法呢？但有后人牵强附会，认为杜甫希望朝廷能毫不留情地清洗江南地区几十万起义军，这是不合理的。

在诗歌当中，杜甫的确在《喜雨》一诗中有"安能鞭雷公，滂沱洗吴越"的句子，但杜甫早在之前求雨时，就表明自己是个天人感应的坚决拥护者。如今，大唐各地都有旱情，导致旱情的自然是他之前提过的冤狱和战争。

清剿二十万起义军能解除旱情吗？在杜甫的认知中，不仅不能，反而会加剧旱情的影响。至于杜甫提出过如何消除怨气、冤气，无非是减少冤狱，减少税赋，让百姓能过上安稳生活。所以，滂沱洗吴越，就是希望吴越地区的兵戈能够平息，冤狱能够减少，官府能够减赋，这样才能解除旱情，让吴越地区降下滂沱大雨。

由此可见，杜甫虽身在巴蜀，却仍然能放眼全大唐的百姓，希望百姓能安居乐业，是真正在忧国忧民。

杜甫前往汉州寻房琯而不得，错过了两人此生最后见面的机会。房琯刚刚离开汉州不久，就在阆州一座寺庙里身亡。杜甫得知消息，赶紧从梓州赶往阆州凭吊。两人在政治上是同盟，私人关系又极好，所以他的心情是沉重而悲痛的。在灵前，他写下了《祭故相国清河房公文》。这篇祭文被公认为杜甫最好的祭文，通篇都在用沉痛哀伤的语调讲述房琯一生的不幸遭遇。

由于之前阆州王刺史曾款待过杜甫，杜甫便替他写了一篇《为阆州王使君进论巴蜀安危表》呈给代宗。长达八年的安史之乱让大唐由

盛转衰，此时叛乱虽已平定，但大唐与周边各国的强弱关系已经发生了剧烈变化。巴蜀地区连接着吐蕃与南诏，两边对巴蜀之地都有些虎视眈眈。

杜甫整理了从王刺史那里得到的信息，通过思考给出了自己的看法，特别是吐蕃与大唐之间的关系此时已经非常紧张，朝廷迫切地需要知道蜀地的情况。此表呈上还不到三个月，就发生了吐蕃入侵松州、维州和保州的事情。杜甫创作了《西山三首》，描述了当时的情况以及自己的想法。

持续不断的战乱让杜甫心情沉痛，但此情此景又激起了他的雄心壮志，渴望能一展所长，上报国家，下济黎民。

广德元年（763）十月，吐蕃出兵向东进发，大肆劫掠。紧急文书到了京城，却没引起什么大的波澜。此时此刻，程元振因为除掉李辅国有功，替代了李辅国的位置，成为新一代掌权的宦官。程元振嫉妒心极重，除了李辅国外，任何在朝堂内享有盛名的大臣，都是他要铲除的目标。刚解决李辅国后，他就把目光放在了当朝享有盛名的将军郭子仪身上。

郭子仪不贪恋权势，为人也比较正派，岂能看不出程元振包藏祸心？于是他主动请辞，不再做元帅和节度使了。以至于安史之乱最后讨伐史朝义的时候，郭子仪并没有带兵出战。而各地节度使拥兵自重，朝廷对他们没有太多控制力。仆固怀恩坐镇朔方，心怀不轨。各地节度使也纷纷以他为榜样，只管自己范围内的事情。

此次吐蕃大举入侵的消息，程元振将其压了下来。一直到吐蕃人已经占领了岷州、秦州、渭州，抵达距离长安不远的邠州时，朝廷才知道吐蕃大军杀来了。眼看吐蕃人就要兵临城下，朝廷赶紧请出郭子仪，让雍王李适挂帅，郭子仪为副元帅。已是紧急关头，程元振居然还想着要刁难郭子仪，郭子仪想要增兵，他就处处阻拦，吐蕃人都要攻城了，代宗依然还没接到郭子仪的消息。巧妇难为无米之炊，即便是郭子仪，面对这样的情况也难有作为。于是，唐军大败。

代宗得知吐蕃杀来的消息，只能带着嫔妃出逃。郭子仪带着麾下仅有的士兵从咸阳前来支援，抵达京城时却已经晚了。射生将王献忠带着五百骑兵，打算让丰王李珙投降吐蕃。他见到郭子仪后，居然大言不惭地让他立丰王为帝。郭子仪大怒，让王献忠带着李珙去陕州。王献忠哪里敢反抗，只能乖乖听话。随后，郭子仪便出城征兵，准备夺回长安。

吐蕃人立广武王李承宏为帝，随后便在长安城内为所欲为。他们抢劫府库、商铺，烧毁房屋，屠戮百姓。整个长安几乎化作废墟，情况惨不忍睹。杜甫在阆州听到这样的消息，又如何能不愤怒，他作下《释闷》一诗，纾解情绪：

四海十年不解兵，犬戎也复临咸京。
失道非关出襄野，扬鞭忽是过湖城。
豺狼塞路人断绝，烽火照夜尸纵横。
天子亦应厌奔走，群公固合思升平。
但恐诛求不改辙，闻道嫖姚能全生。
江边老翁错料事，眼暗不见风尘清。

在诗歌中，杜甫引用了晋明帝的典故。晋明帝时期，王敦在芜湖屯兵，准备发动叛乱。晋明帝想要探知虚实，居然微服出巡。他骑着宝马，探查王敦军营，不料被王敦识破。王敦赶紧派人追击，目标就是那个手持七宝马鞭的人。晋明帝骑马出巡，手中的七宝鞭确实是最显眼的凭证。为了躲避追兵，晋明帝把七宝鞭交给路边一个摆摊的老妇人。王敦只说要找拿七宝鞭的人，于是就在老妇处耽误了许多时间，晋明帝这才能安然脱身。

杜甫将唐代宗与晋明帝相比，显然是充满讽刺意味的。两人都是微服出宫，但晋明帝是为了探查敌情。唐代宗呢，则是大敌压境，仓皇出逃。至于为什么落到如此田地，自然是因为不行德政，增加赋税，相信祸国殃民的小人。程元振犯下如此大错，被群臣弹劾后，代宗居然仍感念他有功，没有杀他，只是革去他的官职。

讽刺的诗歌杜甫的确做过不少。章彝过去是严武部将，在生活上给了杜甫很多帮助，也经常设宴请杜甫。但是，在现在这样一个混乱的时期，任何一个地方节度使都能拥兵自重，和朝廷分庭抗礼。章彝也逐渐脱离朝廷控制，当起了土皇帝。杜甫虽受他照顾，却依旧作诗讽刺他。在广德元年（763）冬季，章彝举办了一次声势浩大的围猎行动。而杜甫就创作了一首《冬狩行》，来讽刺章彝的所作所为：

君不见东川节度兵马雄，校猎亦似观成功。

夜发猛士三千人，清晨合围步骤同。

禽兽已毙十七八，杀声落日回苍穹。

幕前生致九青兕，骆驼䨲峞垂玄熊。

东西南北百里间，仿佛蹴踏寒山空。

有鸟名鸜鹆，力不能高飞逐走蓬。

肉味不足登鼎俎，何为见羁虞罗中。

春蒐冬狩侯得同，使君五马一马骢。

况今摄行大将权，号令颇有前贤风。

飘然时危一老翁，十年厌见旌旗红。

喜君士卒甚整肃，为我回辔擒西戎。

草中狐兔尽何益，天子不在咸阳宫。

朝廷虽无幽王祸，得不哀痛尘再蒙。

呜呼，得不哀痛尘再蒙。

　　杜甫先是夸奖了章彝的军队，认为这支队伍纪律严明，军容整齐，实力强大。在狩猎野兽的过程中无往不利，带回了大批战利品。但是，这有什么用呢？这样的一支军队，却在国家遭遇危难的时候袖手旁观，丝毫不在意吐蕃进攻长安。在这种国家危亡之际，即便是把山中所有的野兽都狩猎了，又有什么用？显然，这是在讽刺章彝，宁愿把军力用在个人享乐上，也不愿意解救国家于危难之中。

　　杜甫批评章彝，可不是只有这一次。合州出产一种桃竹，质地坚硬、密实，是手杖的优良材料。章彝曾将两根桃竹送给杜甫，杜甫便写了《桃竹杖引赠章留后》作为答谢。这篇答谢的诗歌，同样是在批评、规劝章彝，希望章彝能小心谨慎，守住臣子的本分。也不知道章彝是胆大包天，根本没把杜甫的规劝当回事，还是根本没了解杜甫的意思，他继续我行我素，嚣张跋扈。

　　几个月后，严武回到蜀地，希望杜甫能进入他的府中做参谋。杜甫见机会来了，就狠狠地告了章彝的状，把章彝拥兵自重等表现告诉了严武。于是，严武就派人到成都，杖杀了章彝。

　　按照杜甫的诗歌，以及部分史料记载，杜甫与严武之间的关系堪称知己。但在有些史料中，却有严武想要杀掉杜甫的故事。

　　不管是《新唐书》还是《旧唐书》中，都曾记载过这样一件事情。严武镇守蜀地的时候，杜甫在他府中担任检校工部员外郎。严武因为与杜甫是世交，对杜甫非常亲善。但杜甫气量狭小，态度放肆不检点，居然在喝醉后登上严武的床榻，直呼严武父亲的名字。严武暴怒，便想要派人杀死章彝和杜甫，幸好有严武的母亲劝阻，这才只杀了章彝。

　　根据史学家考证，此篇故事应该是由《唐国史补》的作者李肇杜撰，主要描写的人不是杜甫，而是严武。李肇通过多件事情想要将严武树立为一个性情暴躁的人，根据严武与杜甫通过诗歌对答的微妙情感，创作出了这样一篇匪夷所思的故事。毕竟在两人的诗歌里，严武的确曾对杜甫的恃才傲物表示不满，而杜甫也说自己如同阮籍一样是个不知礼法的人。实际上，杜甫不仅遵循礼法，甚至有些古板保守，又岂能做出醉酒之后登上严武床榻，直呼严武父亲姓名的事情呢？

　　早在严武回到蜀地之前，杜甫就已经打算告别章彝了。章彝的种种悖逆之举，他看不下去，却又无可奈何。于是，杜甫就计划着要从梓州前往阆州，筹备前往荆襄的事宜。就在他紧锣密鼓做准备的时候，突然得知消息，郭子仪已经收复长安，迎回代宗。阆州实在太过偏远，这才得到消息。等他得知严武要回到蜀地后，干脆放弃前往荆襄，写下一首《奉待严大夫》寄给严武，等着与他会面：

殊方又喜故人来，重镇还须济世才。

常怪偏裨终日待，不知旌节隔年回。

欲辞巴徼啼莺合，远下荆门去鹢催。

身老时危思会面，一生襟抱向谁开。

读而时思之

　　安史之乱结束，杜甫满怀憧憬，决定先在附近游玩一番。杜甫来到阆州，但好景不长，吐蕃大军入侵了，甚至打到了长安，这又令杜甫感到十分悲愤……

·重回草堂·

严武深深影响了杜甫的一生，当杜甫听说严武要在蜀地镇守，杜甫便打消了北上的念头，从阆州回到了成都。那座浣花溪草堂仍在，抵达草堂后，他迫不及待地写了五首诗寄送给严武，表达喜悦之情和对与严武重逢的殷殷期待。

距离杜甫离开草堂，已经快三年了。在这三年中，草堂无人照料，又经历了兵荒马乱，早就破败不堪，无法居住了。打开家门以后，老鼠、苍蝇遍布房间，书架上的书也生了蠹虫。杜甫赶紧把书放到太阳下晾晒，清除蠹虫，擦干净锅碗瓢盆，这才慢慢坐下，倒上一杯酒，好好休息。

休息好了，他又去院子前后查看。当年种下的松树依旧郁郁葱葱，甚至长得和他差不多高了。经过仔细观察，他发现篱笆被损毁，有不少松叶变得枯黄。即便如此，这四棵松树的长势依旧喜人。

杜甫之前向朋友讨要的不仅有松树，还有桃树。这些桃树栽种在堂前，和松树情况差不多，生长得非常繁茂。枝叶因为无人修剪，居然茂盛到盖住了草堂的甬道，这让杜甫开心至极。杜甫心想，桃树如此郁郁葱葱，要是国家也能如此繁盛，能为天下穷人遮风挡雨该有多好。

修整完房屋又开始修整院落，整治完毕后，他开始回忆为什么要离开成都，离开草堂，任由草堂荒凉破败。他离开的导火索，就是徐知道发动叛乱。于是，他根据草堂的事情写下一首长诗。

在诗歌当中，杜甫记录了徐知道叛乱的过程，以及对百姓造成的伤害，这是非常重要的资料。安史之乱时期，徐知道的叛乱根本没有得到太多关注，即便史书上有所记载，也只是简单用三言两语带过。而杜甫作为亲历者，自然更加清晰地知道发生过什么。

徐知道、李忠厚等人在成都无恶不作，滥杀无辜。一边对无辜者施以残酷的刑罚，一边叫人鼓瑟吹笙，为他们提供娱乐。就在他们的谈笑中，就在乐曲的演奏中，成都人民血染长街。死者的妻妾、马匹都被徐知道等人据为己有，供自己享受。等到成都重归太平，杜甫重回草堂，邻居们对他表现出了热烈的欢迎，这与徐知道在成都时形成了鲜明的对比。

成都的人民远离战乱，重归和平，那么杜甫一直惦念的北方呢？可就没有那么好了。从平定安史之乱后，程元振就处处针对郭子仪、李光弼、仆固怀恩等人。而那些割据一方的藩镇势力，却得到了朝廷的大肆褒奖。仆固怀恩对此非常不满，再加上他曾与回纥可汗和亲，与异族亲近，受到了更多的猜疑与诋毁。到最后，居然有人诬告仆固怀恩与回纥勾结。面对这种情况，仆固怀恩只能举兵造反。

唐代宗永泰元年（765），仆固怀恩遭到宦官骆奉先陷害，举兵反抗，后为太尉郭子仪所败，病死于鸣沙城。

仆固怀恩的儿子仆固瑒战败后虐待部下出气，反而被部下杀死。仆固怀恩自觉独木难支，便逃去了灵州。他的部下见到郭子仪后纷纷倒戈投降，就连他的母亲都骂他大逆不道。

杜甫站在高楼之上，遥望北方，想到的不仅是自己的多灾多难，更有大唐

> **人物档案**
>
> **仆固怀恩**（？—765），复姓仆固，字怀恩，金微都督府（今蒙古国肯特省）人，铁勒族。早年加入朔方军，骁勇善战。安史之乱爆发，跟随名将郭子仪入关作战，任朔方左武锋使，册封丰国公。家族46人死于国难，可谓满门忠烈。平定叛乱之后，驻守邠宁，拜检校左仆射、中书令、河北副元帅、朔方节度使、太子少师，册封大宁郡王。

王朝的多灾多难。安史之乱、吐蕃入长安、皇帝出逃、仆固怀恩叛乱，面对种种危机，皇帝却依然不改乱政，宠信宦官。杜甫身在蜀地，自然想到三国时期统治这里的蜀汉。蜀汉也是因为后主刘禅宠信宦官黄皓，最终亡国。大唐总归是要好一点的，吐蕃打算册立新帝都不曾得到大唐人民的半点认可，说明大唐王朝还是人心所向的。

广德二年（764）六月，严武抵达蜀地后不久，就上表朝廷，为杜甫求官。于是，杜甫就进入严武幕府，为他出谋划策。杜甫的官职是检校工部员外郎，比之前的官职高了不少。重新做官后，杜甫马上就行动了起来。在他认真分析了两川局势后，就写了《东西两川说》给严武，提出了一些治理蜀地的方略。

杜甫认为，可让羌人镇守边境，但不可过度依赖他们，特别是各部落缺少统一的指挥，各自为战是绝对不行的。各部落的獠人反复无常，应该多加招抚。至于各地因为逃难四处流散的百姓，应该得到安抚，让他们拥有土地，减少豪族、大地主对土地的兼并。杜甫的这些建议都是脚踏实地的，不仅关系到了边疆稳定，也关系到了百姓民生。归根究底，蜀地边境要面对的最大敌人是吐蕃人，严武也把所有的心思都放在了这件事情上。

严武经过一段时间准备，开始检阅骑兵，尝试新的军旗。如此盛事杜甫岂能不参与？于是他创作了《扬旗》一首，用来描写让他心潮澎湃的阅兵场面。杜甫坚信，这些训练有素，军纪整肃的骑兵，在严武的指挥下，必然能取得对吐蕃人的胜利，还蜀地一片安宁。

七月，严武就带着骑兵亲赴西山前线指挥战争。杜甫果然没有看错人，九月份严武就取得了惊人的战果，七万吐蕃大军被严武斩杀在狗城之下。十月，唐军攻下盐川城，还派遣汉州刺史追杀吐蕃军队，攻下数百里的地盘，有力打击了吐蕃人的嚣张气焰。这两场大胜奠定了蜀地的稳定局势，严武也因此被封为检校吏部尚书。

在严武的幕府中做官，杜甫的生活相比之前轻松了许多。他们时而在湖上泛舟，时而饮酒作赋。一段时间以后，大家都知道杜甫在严武心中具有举足轻重的地位。就连太子舍人想要让杜甫帮忙说话、办事，都要拿出名贵的褥缎，才能开口。然而，杜甫的性格刚强，该做的事要做，不该做的事即便是有贵礼相送也不会出手。就拿这位张姓太子舍人的求助来说，杜甫不仅拒绝了他的褥缎，还写了一首《太子张舍人遗织成褥段》：

客从西北来，遗我翠织成。

开缄风涛涌，中有掉尾鲸。

逶迤罗水族，琐细不足名。

客云充君褥，承君终宴荣。

空堂魑魅走，高枕形神清。

领客珍重意，顾我非公卿。

留之惧不祥，施之混柴荆。

服饰定尊卑，大哉万古程。

今我一贱老，裋褐更无营。

煌煌珠宫物，寝处祸所婴。

叹息当路子，干戈尚纵横。

掌握有权柄，衣马自肥轻。

李鼎死岐阳，实以骄贵盈。

来瑱赐自尽，气豪直阻兵。

皆闻黄金多，坐见悔吝生。

奈何田舍翁，受此厚贶情。

锦鲸卷还客，始觉心和平。

振我粗席尘，愧客茹藜羹。

　　在这首诗中，杜甫依旧借物喻事，借题发挥，先是描述了这件褥缎有多名贵，自己这样的人睡在这上面就破坏了自古以来的尊卑法度，还用李鼎、来瑱两人骄奢贪婪的故事作为反例。最后，他在诗歌中表明自己宁愿忍受贫寒的生活，也不敢接受这名贵的褥缎，表达了贫贱不能移的清高志向。

　　忧国忧民是杜甫诗歌中永恒不变的主题，大唐由盛转衰，主要是从肃宗、代宗两位皇帝统治时期开始的。杜甫在《忆昔二首》中总结了肃宗、代宗时期，局势为什么会动荡，朝堂为什么会混乱，为什么会败坏。发生在肃宗身上最主要的原因是宠信宦官李辅国和张良娣皇后。这两人独揽大权，排挤朝堂上不与他们同流合污的贤能。肃宗已经立下了糟糕的榜样，而代宗不仅没能吸取教训，反而重蹈覆辙。代宗宠信程元振，居然相信搬弄是非的程元振，夺取郭子仪等兵权，让李光弼、仆固怀恩等名将寒心。这一行为直接导致了吐蕃人攻入长安，李光弼袖手旁观，仆固怀恩干脆造了反。可见，杜甫作为一名儒

第七章　志难酬·艰难苦恨繁霜鬓

家子弟，是认同孟子"民贵君轻"的思想的。皇帝的行为想要赢得杜甫的认同，那就必须要让天下太平，做法要符合国家利益。

贞观之治对于杜甫太过遥远，但开元盛世却仿佛是昨日一般。回忆往昔的时候，杜甫怎么能不将开元时期国富民强、风调雨顺、天下太平的模样，与今日处处烽烟、山河破败、十室九空的样子相比较呢？更何况，外有吐蕃虎视眈眈，内有宦官操弄权柄，未来也不见得就是光明坦途。面对这样的情况，杜甫只能把希望寄托在代宗身上，希望他励精图治，让唐朝恢复到以前的面貌。

或许是命运使然，每当杜甫的生活回到平静时，总是会有什么来将其破坏掉。杜甫在严武幕府中担任官职并没有多长时间，因为与同僚产生矛盾，他变得越来越不想做官，越来越想要远离官场，获得自由。为了缓解糟糕的情绪，杜甫向严武请假散心，回到了草堂。

回到草堂，杜甫的心情并没有如他所想的那样变好。夜里，他辗转反侧，难以入睡。此时此刻，他又想到了自由自在的飞鸟。那些鸟儿成双结对，在水面上呼唤彼此，轻松惬意。显然，杜甫此时陷入了深深的孤独、寂寞之中，内心充满了愤慨与忧郁。或许，杜甫对于做官的厌倦不仅来自于人际关系，也有思念故乡、思念亲人的因素。

广德二年（764），杜甫的弟弟杜颖得知杜甫在成都，他不顾路途遥远，马上启程，从山东来到成都探望兄嫂。见面以后，杜甫才知道，自己是在战争中受影响最大的。他的弟弟杜颖、杜丰、杜观都在山东，杜颖来到成都只是为了见他一面，几天后就要返回。兄弟二人多年未见，这刚刚聚了几天就要再度分别，杜甫实在是舍不得。于是，他把自己的叮嘱写成了三首诗歌，之后才与弟弟洒泪分别。本以为得知亲人下落，日后总有相见的时候，然而，这却是杜甫与杜颖的最后一次相见。至于杜观、杜丰等人，未发现有杜甫与他们再度重逢的记载。

广德二年（764）的秋天，杜甫以做官束缚自己个性为理由，写下一首《遣闷奉呈严公二十韵》，向严武提出辞职。严武好不容易才让杜甫进入自己的幕府为官，又如何能轻易地放他走呢？于是，他对杜甫做了长期的宽慰和挽留。一直到永泰元年（765），也就是第二年的正月，严武见几个月的时间仍没能说服杜甫留下，这才同意他辞职的请求。

对于在严武幕府中工作的这段经历，在杜甫的《莫相疑行》中能够窥见一二。对于与同僚之间的矛盾，杜甫认为这是年轻同僚们做事手法的问题。这些人当面一套背后一套，让杜甫这个表里如一的老实人很不舒服，特别是杜甫拿出真心实意对待他们，却屡屡被他们侮辱、猜疑、戏弄，这要他如何忍耐？

在《三韵三篇》中，杜甫也有类似的描述。他将自己比作一匹受到侮辱的高马，表达了不得不离开幕府以保持自己个性、心志的愿望。于是，杜甫离开了幕府，重新回到了草堂。

在广德二年（764），杜甫还为当年有名的丹青画师曹霸作了诗歌《丹青引赠曹将军霸》：

> 将军魏武之子孙，于今为庶为清门。
> 英雄割据虽已矣，文采风流今尚存。
> 学书初学卫夫人，但恨无过王右军。
> 丹青不知老将至，富贵于我如浮云。
> 开元之中常引见，承恩数上南薰殿。
> 凌烟功臣少颜色，将军下笔开生面。
> 良相头上进贤冠，猛将腰间大羽箭。
> 褒公鄂公毛发动，英姿飒爽来酣战。
> 先帝御马玉花骢，画工如山貌不同。

是日牵来赤墀下，迥立阊阖生长风。

诏谓将军拂绢素，意匠惨淡经营中。

斯须九重真龙出，一洗万古凡马空。

玉花却在御榻上，榻上庭前屹相向。

至尊含笑催赐金，圉人太仆皆惆怅。

弟子韩干早入室，亦能画马穷殊相。

干惟画肉不画骨，忍使骅骝气凋丧。

将军画善盖有神，必逢佳士亦写真。

即今漂泊干戈际，屡貌寻常行路人。

途穷反遭俗眼白，世上未有如公贫。

但看古来盛名下，终日坎壈缠其身。

　　这位曹霸可不是简单的人物，如今却流落蜀中，穷困潦倒。杜甫对他深表同情，也感怀自己的经历。

　　曹霸是曹操的后人。年幼之时，曹霸就展现出文武全才的资质。要是在寻常人家，这是可喜可贺的事情。但在曹家，情况就大不一样了。曹霸的父亲担心他会重蹈祖上的覆辙，就经常在他面前念诵曹植所作的《七步诗》，让他牢记富贵权势不如骨肉亲情。曹霸领会了父亲的意思，放弃做官的想法，开始钻研书法丹青，最终在丹青一道上大获成功。

　　曹霸日益响亮的名气引起了唐玄宗的注意，玄宗将其召入长安，并要求他修葺凌烟阁二十四功臣像。曹霸请求玄宗，希望能在完工后回乡，玄宗也答应了。没想到，玄宗食言而肥，又要求他画骏马图。他再次提出画完后就要回乡，玄宗只是笑

◇◆ 人物档案 ◆◇

曹霸（约704—约770），谯县（今安徽亳州市）人，著名画家，魏武帝曹操的后人。少年学书法，深谙王羲之和卫夫人之法。擅长画马，尤其精于鞍马人物。

而不答。画完后，玄宗赏赐曹霸马百匹，田万顷，曹霸不为所动。玄宗又封他为左武卫将军，曹霸名气更盛。长安中的高官显贵，都以拥有一幅曹霸的画为傲。

曹霸的风头持续到安史之乱，因为他有一幅画作有影射朝廷的嫌疑，被削除官爵，漂泊流浪。杜甫在蜀中遇到曹霸的时候，他早已身无分文，靠给人画像来谋生。

就在杜甫感慨曹霸的不幸时，却没有想到自己安逸的日子也将被打破。他将再次回到四处流浪、颠沛流离的生活状态里。

读而时思之

> 时隔三年，杜甫再返草堂。许久无人的草堂早已破败不堪，杜甫慢慢收拾，看到破乱的景象，感慨万千。杜甫打探到兄弟的消息，其弟从山东前来，兄弟二人相聚。杜甫绝对想不到，自己之后又要经历四处流浪的生活……

·再别成都·

即便是亲人们都在山东，杜甫也未曾有过离开成都的想法。毕竟严武再次镇守蜀地的时候，杜甫就曾有放弃乘舟下荆襄的想法。但是，天有不测风云，年仅四十岁的严武居然病逝了。这简直是匪夷所思，一位上马能领军，下马能安民，文武双全的人才，怎会在壮年之时突然病逝？杜甫想不通为什么，这也导致了他并没在第一时间为严武这位生平知己写下任何悼词。

后来，杜甫在《诸将五首》中提到了严武，《八哀诗》中也写到了严武。在这两首诗中，杜甫盛赞严武在蜀中立下的汗马功劳，夸耀他的聪明才干，又追忆两人共同度过的美好时光。他认为，除了像严武这样文武双全的人才外，其他人很难解决蜀中的纷乱局面。

事情就如同杜甫所料，严武病逝后，蜀中的安定局面就结束了。成都行军司马杜济负责管理蜀中军事。都知兵马使郭英干与都虞侯郭嘉琳向朝廷上书，希望能让郭英干的哥哥郭英乂担任节度使。但是，节度使这样的封疆大吏职位又怎能没有竞争者呢？西山都知兵马使崔旰和其部下请求朝廷任命王崇俊为节度使。朝廷斟酌再三，决定让郭英乂担任剑南节度使，兼成都尹。

因为争夺节度使职位一事，郭英乂与王崇俊之间产生了矛盾。郭英乂居然趁机除掉了王崇俊，崔旰为了替王崇俊报仇，又干掉了郭英乂。双方互相倾轧，原本安稳的蜀地顿时变得兵荒马乱。

杜甫在这一年的五月离开了蜀地，乘船前往荆襄，留下了《去蜀》一诗：

> 五载客蜀郡，一年居梓州。
> 如何关塞阻，转作潇湘游。
> 世事已黄发，残生随白鸥。
> 安危大臣在，不必泪长流。

至于杜甫为什么要离开蜀地，则众说纷纭，疑团重重。有人认为，杜甫想要躲避战乱，但又是因为战乱的缘故没办法回到关中，只能转向其他地区。其中一句"安危大臣在"，成为了人们关注的焦点。

这里的大臣指的是谁呢？如果是严武的话，那说明杜甫离蜀这件事情发生在严武病逝之前。但是，关于杜甫诗歌的注释，都认为杜甫是在严武病逝后才离开成都的。那么，诗中的大臣指的可能是郭英义、郭子仪，又或者是其他人。那么，令人费解的情况就出现了，杜甫作为严武的莫逆之交，在严武病逝后保持沉默，一篇表达哀悼之意的作品都没有，着实奇怪。要是严武当时还没有病逝，杜甫离开蜀地，也应该给严武写上一两篇离别的诗。但是，在杜甫流传下的诗歌中，仍寻找不到。

或许，我们应该从另一个角度来看杜甫的表现。想要创作诗歌，需要灵感，需要情绪，更需要诗人的主观能动性。以杜甫与严武的交情，严武的死给杜甫带来的创伤显然是不同寻常的。因此，杜甫陷入一种悲痛欲绝，连诗都做不出来的状态，也是极有可能的。正是这段没有悼词，没有任何一句告别的空白，显示出两人友谊的深厚。

从成都出发后，乘船数日，杜甫一家才抵达嘉州。在嘉州停留的几天里，杜甫居然意外地遇见了一位本家堂兄。这位堂兄排行第四，为人旷达，不爱名利富贵，率真任性，深得杜甫的敬重。杜甫认为，这位族亲可以媲美古代巢父、许由这样的隐士，而自己却为了功名利禄在长安奔波许久，真的是太惭愧了。两人吟诗作对，互相唱和，相聚几天后，杜甫就又乘船向南。

在抵达清溪驿的时候，杜甫写了一首《宿青溪驿奉怀张员外十五兄之绪》：

> 漾舟千山内，日入泊枉渚。
> 我生本飘飘，今复在何许。
> 石根青枫林，猿鸟聚俦侣。
> 月明游子静，畏虎不得语。
> 中夜怀友朋，乾坤此深阻。

浩荡前后间，佳期付荆楚。

在诗歌当中，杜甫明确表达自己前往荆楚地区的目的之一，就是要见张之绪。张之绪与杜甫交好，但在李辅国专权的时候，张之绪被流放到了荆楚。此次出来要先到荆楚，但却没说之后又要去哪里。

离开清溪驿两百里，就是戎州。戎州物产丰富，风景优美，盛产荔枝和一种名叫重碧的名酒。杜甫抵达戎州后，戎州刺史杨使君盛情接待了他，杜甫也写下了一首《宴戎州杨使君东楼》，其中就提到了重碧酒和成熟的荔枝。按照荔枝成熟的时间，杜甫离开成都已经有一个月了，此时正是六月荔枝成熟的时候。

在戎州没待多久，杜甫就继续南下去了泸州。杜甫在泸州经历了什么，无从考证。他在抵达夔州后，创作了《解闷十二首》，其中有提到在泸州吃荔枝的事情。但在泸州当地，却没有留下任何一首诗赋，这极不正常。

执掌泸州的杨子琳原本是泸南地区的盗贼统帅，归顺朝廷后被委派到剑南节度听从管辖，继续屯守泸州。此人毕竟是贼寇出身，又在天高皇帝远的地方，所以对于朝廷未必有多少忠心。后来在剿灭叛贼的时候，他收受贿赂，按兵不动。杜甫最讨厌像杨子琳这样行悖逆之事的将领，这可能就是他离开泸州却没留下任何诗赋的原因。

总之，杜甫快速离开了泸州，顺着长江向下，抵达渝州。在渝州，杜甫约好要与严侍御一起行动。这位严侍御告诉杜甫他已经出发，但却没能按时赶到。杜甫在渝州等了一段时间，始终不见严侍御到来，就给他写了信，约定在江陵一柱观见面。一柱观是江陵著名的游览胜地，看来这里是杜甫规划好的一个目的地。

杜甫在渝州没有停留多久就必须向东了，在八月份左右抵达了忠州。忠州是长江北岸的小城。这里物资匮乏，百姓生活困难，治安很混乱。市场上经常出现百姓抢购粮食的情况，为了防止盗贼，城门也是天刚黑就关闭了。

杜甫一家没有在城中寻找客店，而是住进了忠州的龙兴寺。这里的刺史是杜甫的族侄，听说杜甫来了忠州，便尽了地主之谊，为杜甫设宴接风洗尘，但之后就不再和杜甫有什么来往了。杜甫本就没有什么积蓄，没有人招待接济，生活很快就拮据了起来。于是，杜甫就决定带着家人离开忠州，前往云安。

相传，云安生产一种名叫麴米春的美酒，是用高粱、荞麦、酒曲酿制而成。杜甫写下一首《拔闷》，在诗中说，自己之所以要离开忠州，是因为对云安的麴米春迫不及待。这样的话显然言不由衷，无非是因为族侄待他冷漠，他这才打算离开的。不过，麴米春的确深得杜甫喜爱。后来，云安人民就用杜公酒来代称麴米春了。

杜甫诗歌中有许多值得流传千古的名篇，其中《旅夜书怀》就是在从忠州到云安的路途中创作的：

细草微风岸，危樯独夜舟。

星垂平野阔，月涌大江流。

名岂文章著，官应老病休。

飘飘何所似，天地一沙鸥。

诗歌记录了杜甫的所见所闻，用细微之物与宏大之物对比，营造出惊人的空旷感。天地如此之大，而在田地当中的一沙鸥，在这种反差之中小到了极致。杜甫通过景物的描述感慨自己的孤独、渺小，发出知音难遇的感叹。更加悲凉的是，天地如此之大，自己却如同沙鸥一般，不知道去哪儿寻找那容身之所。

悲观的情绪加上频繁的赶路，让杜甫生起病来。抵达云安的时候，他不得不停下来，暂时居住在严明府水阁中养病。此时已是九月，与其让杜甫拖着虚弱的病体，冒着寒冷在江面上奔波，不如等来年春暖花开再继续行路。于是，杜甫就在云安休息了大半年时间，直到大历元年（766）春末夏初，杜甫才带着家人启程前往夔州。

养病这半年，杜甫虽身体不适，精神却好了许多。云安县的严明府对杜甫很敬重，对他热情招待，借给他水阁居住，在生活上对他予以帮助。水阁环境优雅，背靠高山，面前就是奔流的江水。江水两岸树林郁郁葱葱，树林里鸟鸣兽吼，相映成趣。特别是此处天气温暖，冬季也不怎么下雪，即便是下雪，落到地面上也就融化了。

杜甫休养身体的这段时间里创作的诗歌有三十多首，许多都与国家相关。在杜甫养病期间，朝廷内部和蜀地的局势又屡屡发生改变。

仆固怀恩在儿子战死后逃出了大唐。代宗此时早已不理朝政，终日求仙拜佛。当仆固怀恩带着回纥、吐蕃、吐谷浑、党项的几十万大军前来时，代宗还不肯相信，一直到前方传来急报。代宗慌了手脚，赶紧调兵遣将。结果使臣还没开始求援，就传来仆固怀恩病故在路上的消息。鱼朝恩等奸佞纷纷庆贺，居然说是代宗终日礼佛起了功效。

代宗、鱼朝恩等人哪里懂什么军事，对方几十万大军集结起来，仆固怀恩的部将范志诚成了这支联军的领袖，继续攻打泾阳。鱼朝恩劝说代宗赶紧逃跑，被大臣斥退。就在吐蕃准备攻城的时候，天降大雨，吐蕃兵不能继续前进，只好劫掠一番就撤离了。回纥兵抵达后，与吐蕃汇合一处，继续攻打泾阳。幸好郭子仪就在泾阳，这才没让吐蕃人得逞。

郭子仪听说回纥的统军将领是药葛罗，他自觉大唐待回纥不薄，就提出要与药葛罗当面商量。郭子仪一身是胆，他只带了几个随从就到了回纥大营。药葛罗看见郭子仪来了，赶紧纵马下地，丢掉武器，躬身下拜。郭子仪这才得知，药葛罗是被仆固怀恩蛊惑了。仆固怀恩欺骗药葛罗，说代宗和郭子仪都去世了，中原地区群龙无首，可以趁机来掠取土地。如今郭子仪就在眼前，药葛罗表示愿意调转矛头，帮助大唐攻打吐蕃。郭子仪便承诺，回纥人要是能击败吐蕃人，吐蕃人劫掠的大量财物都归回纥所有。

在郭子仪的指挥下，回纥兵和唐军联合起来，击退了吐蕃和其他蕃军，这才保住了泾阳。杜甫对这个结果似乎早有预计，早在仆固怀恩的死讯尚未传来的时候，杜甫就写下一首《青丝》，警告仆固怀恩要是不投降，就只能自取灭亡。

中原战火尚未熄灭，严武的继任者郭英乂和曾在严武麾下的汉州刺史崔旰发生冲突。郭英乂敌不过崔旰，逃到简州。普州刺史韩澄抓住郭英乂，将其杀死。邛州牙将柏茂琳，泸州牙将杨子琳，剑州牙将李昌夔为替郭英乂报仇，纷纷起兵，围攻崔旰。多路兵马在蜀中交战，乱成一团。

杜甫面对蜀中局势，心急如焚。地方这样混战，意味着朝廷的威严和脸面全失。他写下《杜鹃》一诗，用来讽刺那些目无朝廷，拥兵自重的地方藩镇势力。特别是在他亲眼目睹了蜀中战乱，百姓遭遇苦难后，又写下了《三绝句》：

前年渝州杀刺史，今年开州杀刺史。
群盗相随剧虎狼，食人更肯留妻子。
二十一家同入蜀，惟残一人出骆谷。
自说二女啮臂时，回头却向秦云哭。
殿前兵马虽骁雄，纵暴略与羌浑同。
闻道杀人汉水上，妇女多在官军中。

途经渝州、开州的时候，杜甫听闻两地刺史均已遇害，百姓遭到了惨无人道的屠戮。交战的乱军在杜甫眼中根本就不算是官兵了，那就是一群强盗。这些官兵如同野兽吃人一样，杀人抢劫，欺男霸女。路上，杜甫还遇到了一家从陇右逃出的难民。从难民口中，杜甫得知吐谷浑、羌人入侵，二十一户人家结伴出逃，最后逃出骆谷的居然只有一人。叛军、异族的入侵让杜甫心痛不已，但皇家禁军的所作所为更是让杜甫眦眦欲裂。禁军和盗匪一样，屠杀百姓，抢夺财物，劫掠妇女。然而，这些根本不会出现在官方史书的记载之中，只能依靠像杜甫这样的爱国诗人来记录。

吐蕃进犯的问题最终依靠郭子仪说服回纥倒戈才得以顺利解决，但回纥同样不是好打发的。回纥将领有两百余人随郭子仪进入长安向唐代宗讨赏，此时维系大唐与回纥关系的只有情谊和利益，大唐的威慑力早就不如以前了。因此，代宗只能打开国库，将其中的丝帛赏赐给回纥将领。国库中的丝帛不够，又追回百官俸禄来给回纥将领。

杜甫听闻此事后，义愤填膺。他早就表明过向回纥借兵的态度，回纥帮助大唐，不过是另一种掠夺方式，同吐蕃、吐谷浑等国一样，是包藏祸心的。宝应元年（762）十月，雍王李适和其部下将领就曾被回纥可汗下令打了一百鞭，这简直是奇耻大辱。因此，杜甫写下了《遣怒》，希望朝廷能牢记过去的屈辱，不要再过度依靠回纥了。

在严武病逝后，杜甫第一篇有关于严武的悼诗，也是在云安写下的。严武是华阴人，去世后应该魂归故里。带头护送灵柩的是严武的老母亲。严武的母亲乘船经过杜甫养病的云安，杜甫便登船慰问严武的母亲，并且写下《哭严仆射归榇》：

素幔随流水，归舟返旧京。
老亲如宿昔，部曲异平生。
风送蛟龙雨，天长骠骑营。

一哀三峡暮，遗后见君情。

　　严武手握重权的时候，前呼后拥何其风光。如今病逝，就只有老母一人在船上送他回乡。面对这悲凉的景象，杜甫不禁失声痛哭。福无双至，祸不单行。刚刚送走护送灵柩的严武母亲，他的另一位好友房琯的灵柩也要顺水北上了。广德元年（763），房琯病故在阆州。两年后，房琯的儿子打算将房琯安葬于洛阳。杜甫听说后，又写了一首《承闻房相公灵榇自阆州启殡归葬东都有作二首》。

　　这并不是杜甫提及房琯的最后一首诗，但不妨他为自己眼中的房琯塑造一个总体形象。在诗歌中，房琯智慧卓绝，才华横溢，治世才能堪比诸葛亮、谢安。这样一个能臣、贤臣，却得不到朝廷的重用，最后被贬谪到巴蜀，客死异乡，真是悲哀。从政治层面，杜甫与房琯是同一派。因此，在这番哀悼中未必就没有自怨自艾，感怀境遇的暗示。严武和房琯，两人对杜甫的人生轨迹有着举足轻重的影响。如

今，两人都已离世，又先后经过云安魂归故里，杜甫内心中的凄凉与寂寞是无论如何都抑制不住的。

·瑰丽又野蛮的夔州·

夔州这个名字现代人并不熟悉，但古人则要熟悉得多。夔州就在长江三峡西口，历来都是兵家必争之地，在汉代被称为白帝城。

杜甫在云安修养了几个月，就在大历元年（766）春末夏初时启程，前往夔州。夔州并不在杜甫的计划之中，本打算到此稍作休息就离开。没想到，天有不测风云，杜甫刚刚有所恢复的身体又变差了，没办法，他只好下船在这里养病。而这一养，就是一年零九个月。

刚刚抵达夔州的时候，杜甫借住在城西北山腰上的客堂中。一直居住到秋季，一家人才进入城内一处名叫"西阁"的地方居住。第二年春天，迁居到赤甲。短短两三个月，又转移到了瀼西草堂。到了秋季，迁居到了东屯。

在夔州的这段时间里，杜甫的足迹就遍布整个夔州。也正是在这段时间里，杜甫的诗歌创作到达了一个全新的高峰。见得多，写得多，可见杜甫对于夔州的印象还是更好一些。

杜甫与李白不同，李白寻访名山大川常常带着求仙问道的目的，杜甫则只是单纯地喜欢山水名胜而已。夔州风景壮丽，更是有无数前人留下的佳句。此次抵达夔州，虽然身体还不怎么好，但这也难以阻挡杜甫游览的兴致，刚刚抵达夔州不久，他就对住所附近的景致开始游览，先后游览了白帝城、先主庙、武侯庙、八阵图等地。每到一处，自然会留下诗赋，但其内容多数都以眼前的景象结合国家危亡的局势，发出渴望国泰民安的感慨。

在游览卧龙山武侯庙的时候，面对已被荒废的武侯庙和残缺的武侯像时，杜甫感慨万千。诸葛亮鞠躬尽瘁，死后而已，为匡扶汉室呕心沥血，如今却庙宇荒废，只留下一株高大的柏树。英雄不在，物是人非，让人直叹嗟夫奈何。

在先主庙，杜甫感叹刘备与诸葛亮君臣二人的相互信任以及一起开拓事业的决心。刘备在白帝城托孤，诸葛亮为先主尽力到最后一

刻，也没有实现匡扶汉室的愿望。此时杜甫已经五十多岁了，恐怕如同诸葛亮一般，再也没有实现雄心壮志的机会。飘零在这边疆地区，只能远远地忧国忧民。想到此处，他不禁泪流满面。

夔州风景宜人，名胜更是令杜甫心满意足。但是，杜甫最开始抵达夔州的时间里，也没能完全一展胸怀。作为喜爱与左亲右邻交流的他，根本听不懂本地人的方言。双方面对面说了半天的话，往往鸡同鸭讲。语言上的不同放大了许多其他问题，例如本地人的样貌与中原人士大不相同，如果能顺利沟通自然没有问题，一旦不能顺利沟通，杜甫就觉得他们的相貌怪异，自己仿佛置身鬼蜮。

夔州城风景宜人的原因之一是这里地理位置荒僻，不够发达，都是原始风貌。这就意味着此处蛇虫鼠蚁、豺狼虎豹，数量惊人。杜甫也因此留下了一些诗篇，除了描述自己的惊险经历外，还希望有人看了以后能提高警惕，确保自己的安全。

当地人对于防范野兽、毒蛇，自然是有一套办法的。用粗壮的树桩取代篱笆，围绕在房子周围。在树桩外覆盖编制好的竹条，在上面涂满泥巴做防护。杜甫的草堂在修建的时候同样也是如此，他让仆人去附近砍伐竹子、树木，将木桩钉在草堂周围，在柱子间用竹子编织。效仿当地人做完这一切，杜甫这才勉强放心。之所以是勉强，因为此处除了豺狼虎豹，毒蛇毒虫外，还有许多盗贼、叛军，经常劫掠百姓。

夔州拥有丰富的自然资源，但不代表杜甫就能过上安居乐业的生活了。这里基础设施落后，行动不便，对于他这样一个老人是很困难的。仅仅是取水这一项，就把他折磨得不轻。杜甫居住的地方距离江河很远，而城中又没有水井，只好自己寻找水源。找到水源后，又要用竹筒引水，才能用到水。由于距离非常远，用竹筒一节节相连也不是容易的事情。竹筒就好像是一条长龙，蜿蜒曲折在山间，长达数百丈。这些竹筒纤细脆弱，经常会因为山石滚落，或者动物路过，截断竹筒，导致要去修理。

根据学者判断，杜甫这时极有可能患上了糖尿病。糖尿病人需要大量饮水，所以对于竹筒取水的需求特别高。幸好有当地獠人阿段不畏麻烦、困难，即便是深夜断水，也会上山修复竹筒。杜甫深表感激，也投桃报李，写诗称赞阿段胆量过人，又能在夜里准确无误地修复竹筒。除了阿段，仆人信行也经常帮助杜甫修理竹筒。一次，竹筒损坏的地方居然远在二十里外的地方。来回四十里，信行从天亮出门，到天黑才回来。杜甫深感愧疚，拿出吃喝的来慰劳他。从杜甫与獠人、仆人的相处，能看出杜甫仁慈善良，与当地百姓已经相处得非常融洽了。

杜甫越是熟悉夔州的风土人情，就越是有他看不惯，觉得不正确的地方。在夔州本地人中，负责每日外出进行体力劳动的是女人，看守门户的是男人。这些妇女生活非常辛苦，每天出门就要上山砍柴，再去市场卖掉，拿回钱来应付家中的开销。也有妇女要去盐井工作，从事繁重的体力劳动。在封建社会里，男女地位有明确的分工，女人从事体力活，这显然比较残酷。杜甫还认为，女性长期从事体力劳动，皮肤变得粗糙，样貌变得丑陋，很难找到个好人家。到四五十岁，头发都白了，有些还没能嫁人，真的是非常悲惨。

但在杜甫所生活的时代，男性和女性的地位完全不同，他对夔州女性充满了同情和关心。

在夔州，当地峡人一般以河为生，或是捕鱼，或是摆渡，终日奔波在生死之间。既然每天出门都生死难料，自然会养成轻视生命、注重利益的习俗。他们靠经商赚钱，然后把钱扔在赌桌上，缺少知识，也不注重自身修养。此地民风极其彪悍，经常发生争斗。但杜甫却不认为是此地的风土有问题。毕竟大诗人屈原就是此处的人，因此杜甫

将百姓重利益、轻知识的情况归咎于教育的缺乏。杜甫在诗歌中对本地人多有勉励之意，希望他们多读书，接受教育，以改善本地风气。

除了经商的峡人外，还有当地的獠人。这些獠人生活艰苦，有些还未开化，生活处在原始阶段。汉人会建立房屋居住，而獠人们却还过着巢居的生活。杜甫在诗歌当中也多有记载，獠人巢居、养乌鬼、食黄鱼的习俗，都深深印在他的脑海中。

所谓的乌鬼，就是鸬鹚。鸬鹚是一种大型水鸟，擅长游泳和潜水，以鱼类为食，因为性情不怕人，所以经常被人们驯养，用来捕鱼。獠人家家饲养乌鬼，顿顿吃又腥又腻的黄鱼，杜甫实在难以接受。作为一个北方人，调味不好的黄鱼是难以下咽的。但为了生活，他只能忍了。

夔州还有一种特产鱼类，因为颜色偏白，体型较小，因此被称为白小，学名是银鱼，也被称为面条鱼。当地人不懂自然规律，在捕捞的时候竭泽而渔，连鱼卵都不肯留下。杜甫写了《白小》一诗：

> 白小群分命，天然二寸鱼。
> 细微沾水族，风俗当园蔬。
> 入肆银花乱，倾箱雪片虚。
> 生成犹拾卵，尽取义何如。

诗中杜甫对竭泽而渔的做法表示愤慨，认为当地民风残暴不仁，表达了自己仁慈的心态。从现代的角度来看，杜甫无疑是有着一种淳朴的生态意识的。

夔州的野蛮还远远不止于此，虽然在古代，封建迷信盛行，但有很多来自于传统的民间习俗和朴素的宗教思想。夔州本地因为尚未开化的缘故，保留的习俗非常愚昧。有巫师做占卜，甚至还以神灵的使者自居，随意以自己的意志传递神灵的话。到了大旱之年，居然通过放火烧山来求雨。杜甫相信天人感应，他认为想要解决旱情，就应该化解怨气，消除民愤。所以，对于烧山求雨的做法，杜甫是非常不满的。

总而言之，夔州对于杜甫是一片神奇的土地。这里有美丽的山水，有许多名胜古迹，让他流连忘返，留下了许多诗歌。但这里的风土人情的薄劣、愚昧和落后也让他很不满意。

大历元年（766）秋天，邛州刺史柏茂琳被任命为夔州都督兼夔州刺史。柏茂琳对杜甫很尊重，因此经常接济杜甫，让杜甫的生活有所好转。杜甫得到了不少馈赠，写下了《园官送瓜》等诗作为记载。除此之外，柏茂琳还彻底改变了杜甫的生存状况。他在大历二年（767）的春天，为杜甫找到一块好地方，让杜甫在那里租下了瀼西草堂。除此之外，他居然大方地将一百多顷稻田和四十亩果园交给杜甫管理，还派遣官员帮忙监管。有了这些土地，杜甫就有底气雇佣一些仆人负责农活，从土地上取得收益。

即便是有了仆人，杜甫依旧保留着农家的生活习惯。他带着家人养鸡、种菜，生活越来越好。即便是生病了，他仍然会坚持做农活。遇到不会的地方，他还会求助于当地农民。

杜甫选择种的蔬菜是莴苣，他开辟了两片菜地，每天辛勤地浇水、施肥、捉虫。可惜，他的莴苣迟迟都没有发芽。更加让他懊恼的是，地里开始疯狂地长出野苋，这与杜甫想要的结果相去甚远。

杜甫从菜地的情况想到天下万物，想到朝堂之上的情况。在现实当中，同样是劣币驱逐良币，朝堂上君子被小人压制。但是，野苋终究不如莴苣有用。不管莴苣多晚出现，最终都会出现在白玉盘里。

除了种菜，杜甫还开始关注做菜，《槐叶冷淘》就是杜甫根据当地一种制作槐叶冷淘的办法所做的记载：

杜甫传

青青高槐叶，采掇付中厨。

新面来近市，汁滓宛相俱。

入鼎资过熟，加餐愁欲无。

碧鲜俱照箸，香饭兼芭芦。

经齿冷于雪，劝人投此珠。

愿随金騕褭，走置锦屠苏。

路远思恐泥，兴深终不渝。

献芹则小小，荐藻明区区。

万里露寒殿，开冰清玉壶。

君王纳凉晚，此味亦时须。

古人称呼凉面为冷淘，槐叶冷淘就是用槐芽汁和面，再细细切成面条，在沸水中煮熟。煮熟后，捞出放进冷水里，彻底凉下来再捞出来和佐料一起搅拌。杜甫盛赞这种冷淘的美味，甚至想着要把如此美味的冷淘献给皇帝。可见，不管平日里杜甫对皇帝有多少怨言，在有好东西的时候，忠君爱国的思想马上会重新占据上风。

冷淘是本地汉人利用当地佐料制作而成的，在夔州杜甫还发现了当地一种庆祝新年的特产糕点，名叫蒸裹。这种糕点要先用豉汁煮高粱米、生姜、橘子皮、胡芹、蒜，再加入适量的盐。经过熬煮后，用油涂上，粘上糯米、糖，蒸制而成。獠人在新年时期将蒸裹作为礼品互相赠送，表达善意。杜甫在新年时期得到了邻居的善意，这才知道蒸裹究竟是什么。

杜甫喜欢吃冷淘，喜欢蒸裹，但却不能时时刻刻吃到。古人的生活条件远远不如现在，经常会遭遇没有蔬菜的时候。杜甫听说野外有苍耳，便让仆人去采摘。苍耳可以当野菜吃，虽然味道不美，但却对

第七章 志难酬·艰难苦恨繁霜鬓

身体有好处。他写下一首《驱竖子摘苍耳》，从社会贫富差距入题，感叹百姓饱受苦难，富人却过着骄奢淫逸的生活，完全不管穷人死活，这究竟是什么道理！

虽然在夔州的生活并不算太苦，但杜甫的糖尿病在当时却是难以治疗的。随着时间的推移，杜甫的糖尿病越来越严重。他开始频繁口渴，全身无力。到后面，他甚至在诗歌当中记录自己视力越来越差、听力也飞速下降，这显然是糖尿病并发症的早期症状。除此之外，他的肺疾越来越严重。气喘、呼吸不畅等情况屡屡出现。

夔州地区居住的大多是少数民族，治病大多靠巫师祈祷。杜甫得不到好的医治，只能自己开辟药园。加上友人会寄送给他一些草药和自己去山中采摘，也算勉强能缓解病症。

在诗歌当中，杜甫经常会讨论哪些草药应该在什么时候采摘，展现出他对中医药理的了解。杜甫在《缚鸡行》中记载了他打算养乌鸡来吃，以治疗风疾的事情：

小奴缚鸡向市卖，鸡被缚急相喧争。
家中厌鸡食虫蚁，不知鸡卖还遭烹。
虫鸡于人何厚薄，我斥奴人解其缚。
鸡虫得失无了时，注目寒江倚山阁。

这些乌鸡生机勃勃，到处乱飞乱扑，让杜甫烦恼不堪。因为担心乌鸡被野兽偷走，还要扎紧篱笆。

因为饲养乌鸡，杜甫还与杨夫人起了矛盾。杨夫人笃信佛教，佛教不杀生，杨夫人见不得乌鸡啄食虫子，就让人把乌鸡拿到市场上卖掉。杜甫打算用它们来治疗风疾，看到以后马上阻止仆人。乌鸡卖给别人，也是要被吃的。难道就应该为了保护虫子而害死乌鸡？乌鸡和虫子，人应该如何做出抉择呢？杜甫思前想后也没有得到答案。他认为思考这种事情根本没有尽头，不如不要去想。

杨夫人喜欢佛教，这并不是孤立事件。不知道夫妻之间是谁影响了谁，杜甫本人对于禅宗也颇有研究。在夔州，杜甫对佛法的了解愈发精湛。在唐朝时期，佛教、道教、儒教几乎是并行的。杜甫将佛教中的哲学与儒家中的思想两两印证，这才快速入境。即便如此，杜甫仍刻意远离佛家。他虽然经常听僧人讲述经文，但始终不曾皈依。

柏茂琳委托给杜甫的一百顷稻田和四十亩果园在秋季迎来了丰收。杜甫醉心于园中的硕果累累，满园飘香。夜里，他就坐在果树下的躺椅上，欣赏着一颗颗果子，直到夜深了，露水深重，才肯回去。他在瀼溪东边还有一个果园，那里主要种植杏子、梅子、蔬菜和药材。每当杜甫心情烦闷的时候，就到果园里看看。不管是枝叶繁茂的果树，还是郁郁葱葱的蔬菜，都能让他心情马上好起来。

在菜园里，杜甫命人种了几亩冬菁，冬菁似萝卜，口感松软，可以当成粮食，也可以当作蔬菜。夔州天气温暖，冬菁的产量很大。从秋天成熟时开始采摘食用，居然能一直吃到第二年春天。杜甫以前经常过忍饥挨饿的日子，因此对冬菁特别看中。

水稻田在东屯附近，杜甫招揽的仆人大多都要伺候稻田。幸好他管理稻田这一年没有什么水旱灾害，稻子长势很是喜人。粮食还没有收获，杜甫就已经盘算好要如何蒸出美味的米饭了。除了自己，他还想着其他人。收割完水稻后，再让村中的孩童前来拾稻穗，相信一定能让这些家庭多几顿饭食。

杜甫越是重视这些稻子，在稻子即将成熟的时候他就越发紧张。他经常派遣仆人前去东屯查看，告诉他稻田的情况。大家都为稻田辛苦了整整一年，要是在这个时候出状况，那可就前功尽弃了。稻子成熟后，杜甫一家干脆迁到了东屯，把原本居住的草堂让给了从忠州搬来的一位姓吴的亲戚。

秋天，果园中的枣子成熟了。在草堂西边有一位穷苦的老妇人，经常来果园找些枣子充饥。以杜甫的仁爱心肠，自然不会阻止。这位新搬来的吴郎可不知道此事，居然在院子周围立上栅栏，防止老妇人前来打枣。杜甫得知此事，便写了一首《又呈吴郎》，向他解释情况。

这位老妇人之所以如此贫穷，是战乱和官府造成的。因为贫困，不得不担惊受怕地去邻居家打些枣子吃。但此时草堂已是吴郎居住，杜甫也不能强硬干涉他的做法，只能委婉劝说，希望他能给老妇人行一些方便。

读而时思之

> 杜甫这次的目的地是夔州，此地风景秀丽，杜甫兴致很足。但此地十分荒僻，杜甫听不懂当地方言而难以交流，此地又有很多野生动物，杜甫最初很不适应。夔州风景很美，但过于原始，风土人情令杜甫也不太满意。此外，杜甫的身体每况愈下，已经有了不好的征兆。

第七章　志难酬·艰难苦恨繁霜鬓

第八章

舟中辞·出师未捷身先死

蜀相

杜甫

丞相祠堂何处寻，锦官城外柏森森。

映阶碧草自春色，隔叶黄鹂空好音。

三顾频烦天下计，两朝开济老臣心。

出师未捷身先死，长使英雄泪满襟。

· 即从巴峡穿巫峡 ·

　　大历三年（768），杜甫接到了一封来自江陵的家书。他的弟弟杜观告诉他，两人之前约好要在当阳县见面，如今他已经找到了住处，希望杜甫能赶到当阳相会。杜甫此时已在夔州住了两年，这两年是他生命中难得安稳的时光。离开，他颇为不舍。

杜甫的身体已好转，便做出决定，要在正月十五过后前往当阳。临行前，他特意到果园里转了一圈，铲除了些杂草，畅想春暖花开的时候，这里将是多么美丽。但这一切他都欣赏不到了，因为花朵在园中争奇斗艳的时候，杜甫已经在江上泛舟，即从巴峡穿巫峡了。他的果园送给了一位名叫"南卿兄"的朋友，也不知道到这位朋友能否将果园照顾好。

在这时间里，杜甫还写了一首《将赴荆南寄别李剑州》，送给剑州刺史李昌巙：

> 使君高义驱今古，寥落三年坐剑州。
> 但见文翁能化俗，焉知李广未封侯。
> 路经滟滪双蓬鬓，天入沧浪一钓舟。
> 戎马相逢更何日，春风回首仲宣楼。

这位李昌巙在剑州颇有政绩，但诗歌当中更多是在讲述自己年老还要飘零，即将赶赴荆南。此时此刻，杜甫绝对想不到这位李昌巙将来会给他带来多大的帮助。

李昌巙后来升为桂州刺史，在杜甫病逝后，收留了杜甫的遗孤杜宗武。在杜甫生平好友中，李昌巙被提及的不多，可见其才德兼备，不忘旧情。

收拾好行囊后，在大历三年（768）过了元宵节后，杜甫一家离开了夔州。此次出峡，意味着杜甫告别了稳定的生活，重新走上居无定所的漂泊之路。

夔州向东不远处就是巫山县。原本在汾州做刺史的唐旻刚好被贬到巫山县，他与杜甫是远房亲戚，所以设宴款待了杜甫。杜甫在酒席宴间创作了《巫山县汾州唐使君十八弟宴别兼诸公携酒乐相送，率题小诗，留于屋壁》：

> 卧病巴东久，今年强作归。
> 故人犹远谪，兹日倍多违。
> 接宴身兼杖，听歌泪满衣。
> 诸公不相弃，拥别惜光辉。

离开巫山后，杜甫一家乘船出三峡，到峡州。峡州长史田侍御设宴款待杜甫，杜甫作诗表达了自己喜悦的心情。他心情大好的原因不仅是得到了田侍御的招待，更是因为自己已经出峡，接下来的路好走多了。

离开峡州，在宜都停船休息，随后就到了古城店。此处距离江陵已经很近了，杜甫打算在江陵定居，因此提前给江陵节度使卫伯玉写了信，希望对方能向他施以援手。这位卫伯玉已经是阳城郡王了，杜甫对他不吝溢美之词，从本人到府中门客都有夸赞。

杜甫的船在江陵靠岸时，天上正下着雨。杜甫的族弟杜位在江陵担任行军司马，杜甫一家赶紧到杜位家中避雨。杜位原本是李林甫的女婿，李林甫去世后，杨国忠对李林甫的党羽进行了残酷的打击，其子孙、亲眷大多被流放到岭南、黔中等地。杜位作为李林甫的女婿，自然在劫难逃，被流放到岭南十年。杜甫当时正在蜀中，听说杜位被流放，就写下一首《寄杜位》，对杜位的遭遇表示了同情。

杜甫和杜位终于相见，兄弟之情，血浓于水，两人见面后抱头痛哭。将过去多年来遭遇的苦难，和着浊酒和眼泪一口口饮下。

当阳县在江陵西北一百七十多里的地方，因为在江陵还有很多交际应酬，杜甫就先让家人到当阳去，自己则留在了江陵。在最开始抵达江陵的时间里，杜甫时而与文人墨客唱和应酬，时而参加迎来送往的宴会。越是看多了觥筹交错，人来人往，就越是感受到漂泊异乡的孤独。

几个月后，已经是端午节了。江陵节度使卫伯玉派遣向卿入朝进献御衣，杜甫得知后，就找到向卿，希望他能帮自己给京城的好友带些消息。其中最重要的，就是杜甫自觉在江陵生活困顿，身体也逐渐衰弱，恐怕很难再回到北方去了。由此可知，杜甫终日参加应酬、宴会，并非出自本心，极有可能是生活所迫。另一首《秋日荆南述怀三十韵》可以从旁佐证：

> 苦摇求食尾，常曝报恩腮。
> 结舌防谗柄，探肠有祸胎。
> 苍茫步兵哭，展转仲宣哀。
> 饥籍家家米，愁征处处杯。

这只是其中的节选，但说明了杜甫因为生活，为了衣食，就如同一条摇尾乞怜的狗一样，四处求人。每天都要跟人讲，要报答别人的大恩大德。即便生活悲哀到这样的程度，依旧要为生活发愁。

杜甫是这样说的，也是这样做的。当卫伯玉新楼落成，大宴宾客的时候，杜甫也前往了。众多文人墨客纷纷献上自己的诗赋，夸耀这场盛会，赞美这美丽的新楼。杜甫先是赞美"楼上炎天冰雪生，高飞燕雀贺新成"，随后又把赞美对象直接指向卫伯玉"杖钺褰帷瞻具美，投壶散帙有馀清"。卫伯玉之所以对杜甫高看一眼，就是因为当年杜甫在长安求官时作过三篇礼赋。于是，卫伯玉主动邀请杜甫作赋，杜甫却以自己年老又一事无成拒绝了。

杜甫在江陵停留了八个月时间，在这段时间里，他身体康健，努力为生活奔波，显然是打算在这里定居的。但是，不管他如何努力，困顿的生活状况都没有改观，只能被迫离开江陵。临行之前，他留给好友郑虔的侄子，时任江陵少尹的郑审一首诗。这位郑审颇有名气，据称诗歌书画样样皆通。天宝九载，杜甫为了求官，还向他投过诗。

　　幸好有这位郑审，杜甫才能在江陵停留八个月。如今，杜甫要离开江陵，就把在江陵时期产生的诸多感慨向他诉说：自己将要顺江而下，但目标是哪里却完全不知道，只能随波逐流，四处漂泊。如今天下不算太平，北方战乱不休，想要回到老家也没有希望。在外多年，已迎来人生的暮年，但却好像一点儿成绩都没有做出，毫无用处。在江陵，即便有您的处处接济，依然是难以生活下去的。饥寒交迫逼着我前往其他地方，您的恩德日后我再报答。

　　杜甫此时的确没有目标，或是向南，或是向东，但他提到了衡阳这个地名，可能这就是他的下一站。离开江陵一路向南，抵达了公安。此时天色已晚，杜甫一家人投宿在一家荒郊野店之中。这一夜杜甫辗转反侧，没有睡好。除了复杂的心绪外，外面的风声，店中厨房里的说话声，都让他难以入眠。于是，鸡刚刚叫，他就醒来，向店家询问距离山馆还有多远。

　　乱世中的漂泊与四处游览，看似差不多，实际上差得很远。在漂泊的过程中，要时时刻刻保持警惕，稍有风吹草动，就难以安眠。杜甫长期处在紧张状态中，又如何能保证精神健旺，身体健康。因此，他的身体日渐败坏。

　　在公安县，杜甫受到了颜十少府的招待，参加宴饮的还有著名书法家顾诫奢。杜甫与顾诫奢已经是老相识了，杜甫在宴席间赋诗一首，而顾诫奢则将这首《醉歌行请顾八题壁公安颜少府》写在了墙上。不久后，顾诫奢要离开公安，杜甫又写诗相送。从杜甫的送别诗中可以看出，两人的友谊已经有几十年了。在杜甫眼中，顾诚奢是个书法精湛、侠肝义胆的好朋友。他希望顾戒奢能在地方关心百姓疾苦，造福民间。

杜甫年轻时游览四方，纵马游猎，行侠仗义，颇有精神。但如今却百病缠身，年老体衰，即便此时再有机会，恐怕也难以实现理想抱负。在公安期间，旧病复发。面对衰老的自己和破败的国家，杜甫作下了一首《呀鹘行》：

> 病鹘孤飞俗眼丑，每夜江边宿衰柳。
> 清秋落日已侧身，过雁归鸦错回首。
> 紧脑雄姿迷所向，疏翮稀毛不可状。
> 强神迷复皂雕前，俊才早在苍鹰上。
> 风涛飒飒寒山阴，熊黑欲蛰龙蛇深。
> 念尔此时有一掷，失声溅血非其心。

在诗歌里，杜甫将自己比喻成一只连喘息都非常辛苦的病鹘，虽然病卧在江边，却仍然有燕雀不能知道的救国安民的志向。他这样说，主要是因为在公安期间，遭到了小吏的刁难、羞辱、嘲讽、轻慢。所谓人间冷暖，世态炎凉，就是如此。但是，杜甫早就见过了大世面。这些小吏与地方上拥兵自重的叛军相比，又算得了什么呢？

杜甫在公安遇到的最后一名好友，是有"诗鬼"之称的李贺的父亲李晋肃。李晋肃是皇室宗亲，和杜甫也是远房亲戚。他到公安是为了入蜀，而杜甫正打算从公安东下。两人在公安刚刚相聚，就要分别。杜甫写诗送别后，便分道扬镳，各奔前程。

离开公安，杜甫一家的下一站是柴桑，杜甫有亲人居住在那里。船行三百四十里，杜甫抵达刘郎浦，在这里稍作休息，就又匆匆启程前往岳州。在途中，杜甫遇到了友人董颋，作下一首《别董颋》。在这首诗中，杜甫提到想要去襄阳隐居。究竟是什么让杜甫改变了东下的心意，转而去襄阳呢？不管怎么说，他一再改变目的地，却是表现出了漫无目标，漂泊不定的无奈心境。

这一年年末，杜甫抵达岳州。洞庭湖上铺满了大雪，景色美丽别致。杜甫见此美景，作了一首《泊岳阳城下》，描绘自己看到的景色：

> 江国逾千里，山城仅百层。
> 岸风翻夕浪，舟雪洒寒灯。
> 留滞才难尽，艰危气益增。
> 图南未可料，变化有鲲鹏。

在诗歌的后半段，杜甫突然画风一转，开始讲述自己虽然遭遇困境，却陡升豪气，认为自己还有才能没用尽，越是困难就越有壮志豪情。在这里，杜甫又改主意了，这次他不想去襄阳隐居了，也不想回到洛阳老家了，他打算向南寻找人生的下一次机遇。

在岳阳时，杜甫登上了岳阳楼。看着远处的洞庭湖，既感慨自己年老体衰还要漂泊，国家破败却战乱不止，作下不朽名篇《登岳阳楼》：

> 昔闻洞庭水，今上岳阳楼。
> 吴楚东南坼，乾坤日夜浮。
> 亲朋无一字，老病有孤舟。
> 戎马关山北，凭轩涕泗流。

八百里洞庭湖浩瀚无垠，波澜壮阔，不管用如何豪迈的语言形容都不为过。但湖面空旷，杜甫在这里驻足，越是空旷的湖面越是让他觉得自己渺小，他感受到孤独，感伤国家仍处在战乱之中，伤痛之时，在岳阳楼上涕泗横流。

这首《登岳阳楼》从古至今都获得了极高的评价，甚至有许多文人认为，这篇诗歌是盛唐第一五言诗。

除了《登岳阳楼》外，杜甫还在岳阳留下了描写当地百姓民生的另一名篇《岁晏行》，描述了岳阳地区百姓的艰苦生活：

岁云暮矣多北风，潇湘洞庭白雪中。
渔父天寒网罟冻，莫徭射雁鸣桑弓。
去年米贵阙军食，今年米贱大伤农。
高马达官厌酒肉，此辈杼轴茅茨空。
楚人重鱼不重鸟，汝休枉杀南飞鸿。
况闻处处鬻男女，割慈忍爱还租庸。

往日用钱捉私铸，今许铅锡和青铜。

刻泥为之最易得，好恶不合长相蒙。

万国城头吹画角，此曲哀怨何时终？

年末的时候，洞庭湖上白雪纷飞。渔夫的渔网被冻住，莫徭人拉响弓箭射击大雁。去年因为缺乏军粮导致粮食价格飞涨，今年米价又过低让农民收入大减。达官贵人们早就吃腻了酒肉，而穷苦百姓却饥肠辘辘。岳阳的百姓已经穷到贩卖儿女来偿还朝廷的种种赋税了。这时候地方的割据军阀居然还在私铸掺杂了铅锡的铜钱坑害百姓。

读而时思之

> 杜甫养好了身体，启程去看弟弟。杜甫全家穿过巫峡，来到峡州，见到弟弟后，和弟弟抱头痛哭。杜甫在江陵待了许久，又游览了柴桑、岳州等地，想要继续前行。

·孤舟乱春华·

大历四年（769）二月，杜甫一家离开了岳阳，前往潭州、衡州。之所以会将潭州、衡州作为目的地，很有可能是因为他在少年时期结交的好友韦之晋在衡州做刺史。以杜甫当前的状态，少了亲友的帮助，是很难生活的，还是需要朋友的接济。

在前往衡州的途中，杜甫作了一首《南征》。因战乱频繁，不得不一路向南。但在途中，他仍忍不住北望长安，对朝廷、国土表现出无比的眷恋。最后，他又惋惜自己的诗歌无人欣赏。

在如今，杜甫被誉为"诗圣"，杜甫的诗歌更是被称为"诗史"，是补全历史文献的重要资料。但在当时，却是完全不同的情况。很少有人会把杜甫的诗歌编辑在诗歌选集中，也很少有人称赞他的诗才。这或许是因为杜甫的三大赋太过于耀眼，以至于他的诗歌终生都笼罩在这三大赋的光辉之下，让人没有注意到。

春季的洞庭湖上一直吹着北风，所以杜甫南下的路途还算顺利，但这并没能阻止他的情绪愈发悲观。此时那令人煎熬的疾病又加重，前途未卜，局势动荡，都成为了杜甫心理的重负。在洞庭湖度过冬天的大雁又成群结队地向着北方飞去，自己却只能一路南下，距离故乡越来越远。抵达白沙驿后，杜甫参观了此处供奉娥皇、女英的祠堂。因为常年的战乱，祠堂中的香火早已断绝，荒凉破败。杜甫在这里作诗，以男女之情比喻君臣之谊，感叹怀才不遇。

离开白沙驿，他继续向南，抵达了长沙、益阳、岳阳之间的乔口。此处距离长沙已经很近了，杜甫在这里停船休息。想到汉代贾谊

第八章 舟中辞·出师未捷身先死

曾被贬为长沙王太傅，他内心愤慨，又联想到自己何尝不是襟袍未开，再加上一路逆水行舟，与坎坷的人生何其相似。触景生情之下，他创作了《上水遣怀》。

这首诗歌的基调非常悲观，算是杜甫对自己自安史之乱开始到现在的不幸遭遇的总结。安史之乱开始后，他居无定所，四处漂泊，忍饥挨饿。经过总结与反思，杜甫认为自己还是太过于笨拙，性格不够圆滑。虽然已经屡屡向年轻人低头，忍受他们的刁难和羞辱，但生活依旧艰难。特别是在公安等地，他常常被小吏轻慢，这给他带来了难以抚平的创伤。

杜甫终究是有大格局的人，个人的荣辱爱憎，很快就被抛在脑后。真正让他念念不忘的，只有百姓和国家。一次，杜甫的小船遭遇了狂风巨浪，不得不上岸躲避。就在这短短的时间里，他认识了一个被迫到山间采摘蕨菜的女人。女人的丈夫因为被迫劳役，活活累死。即便如此，官府仍然不依不饶地向她追讨赋税，她只能靠采摘野菜换取一点微薄的钱财交给官府。晚上一个人回到家中，家徒四壁，空无一人，她禁不住悲从中来，嚎啕大哭。

妇女的经历让杜甫震惊，难道百姓对于官府，就如同路边生长的野草，随便压榨、践踏了吗？百姓就连最基本的保证生存的资格都没有了吗？怪不得百姓纷纷出逃，甚至不惜进入山中当野人，这样多的苛捐杂税，日子实在是举步维艰。

从乔口继续向南二十九里就是铜官渚，这里离长沙已经很近了。行至此处，本该稍作休息就前往长沙，此时突然狂风大作，将杜甫一家堵在了船上。这场大风持续了两日之久，幸好杜甫带的干粮多，不仅一家人没有挨饿，还顺便分享给没饭吃的船夫。第三天风力稍弱，他赶紧南下前往双枫浦，一直到二月下旬，才抵达潭州。到潭州的时候正是寒食节的前一天，这一天被称为小寒食，杜甫就在船中作了一首《小寒食舟中作》，几天后，又作了《清明二首》。

这几首诗歌记录的都是他在船上看到的景象，但此时杜甫因为疾病导致视力严重下降了，所看到的东西模模糊糊，此外听力也下降不少，耳朵是半聋状态。面对着眼前云白山青的景色，反而生出些望不到长安的忧愁来。

过了寒食节，天气越来越暖。杜甫每到一处都要寻访名胜，在潭州也不例外。潭州有著名的岳麓山，山上还有麓山寺和道林寺。游览过后，杜甫写下《岳麓山道林二寺行》，夸赞两座寺庙风景优美，潭州人淳朴热情，甚至让他生出想要居住在此处的想法。

更让杜甫惊喜的是，在潭州他居然与侄子王砅相逢了。此时的王砅已经是大理评事，正在前往岭南节度府办事的路上。安史之乱时，杜甫与家人被人流冲散，老马被人夺走，自己一人孤零零地逆着人流寻找家人。要不是这位王砅勇猛果敢，手持利刃为杜甫开路，恐怕杜甫早已死在乱民之中。如今再相见，杜甫的感激之情依旧没有减少，他创作了一首《送重表侄王砅评事使南海》为他送行，其中就提到了当年得到王砅救助的事情。

潭州是个好地方，朋友也不少，但这里却不是杜甫想要留下的地方。仅仅待了几天，杜甫就离开了潭州，乘船南下，投奔衡州刺史韦之晋。临行前，杜甫写下一篇《发潭州》，感叹当年褚遂良、贾谊这些能臣干吏被贬谪长沙，用来比喻自己的情况：

夜醉长沙酒，晓行湘水春。
岸花飞送客，樯燕语留人。
贾傅才未有，褚公书绝伦。
高名前后事，回首一伤神。

南下衡州的路上，杜甫依旧是每到一处就留下诗篇。不仅让后人清晰了解他旅途的每一步，更是能绘出一幅地理图画来。特别是他所关注的不仅有秀丽的风景，还有当时人民的生活状况。例如他在《宿花石戍》中所描写的情况，整个村庄已空无一人，只有田地之中的泉水还在流淌。平日里被小心保养的农具如今已被荒草缠绕，可见村民们不是刚刚才离开的。这样的情况已经不知道多久了，但是朝廷居然对此毫不关心。

史书上也没有相关的记载，正是有杜甫把眼前看到的真实情况记录下来，我们才能了解安史之乱后，江南农村百姓的生活究竟是什么样的。

在水路上经历了大风大浪，杜甫一家总算是安然无恙抵达了衡山。衡山距离杜甫的目的地还有上百里之远，他不敢耽误行程，只能错过攀登衡山远眺的机会。在远处惊鸿一瞥，雄伟的衡山就给杜甫留下了深刻的印象，写下了继泰山、华山后的第三篇《望岳》。

从三篇《望岳》，不难看出杜甫的变化。写泰山时，他胸中充满了凌云壮志，充满了锐意进取的精神。而到华山时，是他刚刚被贬官做华州司功参军，因此觉得自己要去寻找白帝问真源，解除自己的迷惑，找到道路。而写衡山的时候，杜甫已经看清了现实。表面上希望神明能降下吉祥，实际上要表达的是代宗这个皇帝实在靠不住，还不如神明。

相信杜甫绝对想不到，从衡山到衡州，本以为几天就能到达的距离居然走了一个多月。此时大历四年（769）的春天已经即将结束，而韦之晋在衡州的职务也算是结束了。在杜甫还没抵达衡州的时候，韦之晋已经前往潭州去做刺史了。两人极有可能在江面上擦肩而过，但完全不知道好友就在另外一艘船上，更不幸的是，杜甫刚打定主意要回潭州找韦之晋，却从潭州传来韦之晋病逝的消息。

杜甫得知后，写了诗哭悼好友。两人还是孩童时就认识了，虽然相距不远，但最后一次见面还是在三年前。失去了韦之晋，杜甫留在湖南已经没有任何意义了。没有人能依靠，也没人能帮助他。但因为身体状况恶化，让他选择暂时留在衡州。

在衡州，判官郭受算是给了杜甫一些照顾。他曾写诗称赞杜甫，表达钦佩之情。但夏天到来的时候，杜甫不知道为什么，还是打算回到潭州。或许潭州独特的地理位置让它在安史之乱中受影响较小，又或是此时的潭州相比战乱频发的蜀中、中原，是一处安全的地方。除了杜甫外，还有很多北方人民为了躲避战乱来到潭州，其中且有不少杜甫的亲朋好友。

杜甫回到潭州以后，因为亲朋众多，日子还算过得去。杜甫即便是身体虚弱，也没有闲下来。平日里，他就在船下的市场中摆摊售卖药材。杜甫的儿子宗文已经十八岁了，另一个儿子宗武年纪较小，也已十六岁。这两个孩子经常去江上打渔来补贴家用。在全家人的努力和亲友的接济下，杜甫的生活日渐安稳。

就在这一年夏天，裴虬出任道州刺史，路过潭州的时候，正好杜甫被潭州的朋友们拉来作陪。杜甫写下了《送裴二虬尉永嘉》，两人在长安时就已经认识，但杜甫表现得略显生疏。在诗歌当中，他希望裴虬到地方上能多为百姓做事。道州百姓非常贫困，全指望这位道州刺史能平息战乱，让百姓能回到安心耕种的生活中去。

大历五年（770）秋季，杜甫在潭州遇到了韦迢，韦迢要去韶州做刺史，两人匆匆相见，又匆匆分别。值得一提的是，韦迢居然是同时代人中懂得欣赏杜甫诗才的。他率先写下了《潭州留别杜员外院长》，以"大名诗独步"盛赞杜甫。在杜甫写出答诗后，他又创作了《早发湘潭寄杜员外院长》，表达自己在外漂泊，却仍期待杜甫的消息。杜甫则投桃报李，先后写了两首诗，表达对韦迢的思念之情。

韦迢与杜甫短暂的知己之情后来也为杜甫带来了帮助，韦迢的儿子韦夏卿就是大诗人元稹的岳父。杜甫去世后，当杜甫的孙子杜嗣业希望元稹能给祖父撰写墓志的时候，元稹毫不犹豫地答应，并创作了一篇文采华丽，对杜甫评价极高的文章。杜嗣业是宗武的儿子，如同祖父、父亲一般，过着贫困的生活。宗武命令儿子将祖父的灵柩运回河南，仅仅这样一个要求，杜嗣业就要倾家荡产才能完成。可见，他根本没有资金支付元稹的润笔费用。元稹之所以愿意为杜甫撰写墓志，完全是因为杜甫与韦迢的关系。

　　老朋友总是能温暖人心，而新朋友也能带给杜甫全然不同的感受。特别是在结交优秀的年轻人时，杜甫总是表现得更加开心。在潭州，杜甫就结识了一个名叫苏涣的蜀人。苏涣年轻时是个盗匪，他经常抢劫过路的商人，擅长使用一张白弩，箭无虚发。商人们很害怕他，叫他白跖。

　　没想到，随着年龄的增长，苏涣居然痛改前非，放弃了拦路抢劫，成为一个读书人。在广德二年，他考中了进士，逐步升迁到侍御史的位置上。大历四年，潭州刺史征召他来幕府当中做事。他早就听闻过杜甫的大名，就到潭州江边寻找杜甫，希望杜甫能指点一下他的诗文。

　　杜甫让他吟诵自己写的诗歌，苏涣念诵了自己创作的《变律》。杜甫听完觉得词句很动人，充满灵性，也有气概，甚至生出些许钦佩之情来。于是，杜甫就创作了一首《苏大侍御访江浦，赋八韵记异》赠送给他：

　　　　庞公不浪出，苏氏今有之。
　　　　再闻诵新作，突过黄初诗。
　　　　乾坤几反覆，扬马宜同时。

今晨清镜中，胜食斋房芝。

余发喜却变，白间生黑丝。

昨夜舟火灭，湘娥帘外悲。

百灵未敢散，风破寒江迟。

　　杜甫在诗歌当中称赞苏涣性情高洁，诗歌成就堪比"三曹、七子"，甚至可以与司马相如并驾齐驱。自己被苏涣的诗歌感染、倾倒，白发之间居然生出了青丝。他对苏涣的赞美是毫无保留的，但就《全唐诗》中收录的苏涣诗歌来看，并不值得杜甫如此夸赞。

　　接下来的日子里，苏涣经常来江边寻找杜甫，杜甫也会去苏涣的书斋，两人来往非常密切。杜甫在潭州创作的诗歌里，将道州刺史裴虬和侍御史苏涣这两个年轻人看作当世俊杰，认为将来一定能大有所为。让杜甫没有想到的是，这位苏涣的确干出了些"成绩"，而这成绩恰恰与杜甫的期待背道而驰。

　　苏涣在大历八年（773）加入了循州刺史哥舒晃麾下，哥舒晃杀节度使吕崇贲造反，苏涣就是哥舒晃的谋士。这场叛乱足足持续了两年才被平定，哥舒晃和苏涣都战死了。当然，苏涣造反的时候，杜甫早已故去，是不可能知道他寄予厚望的年轻人做出这些事情的。

读而时思之

　　离开岳州后，杜甫继续踏上旅途，前往潭州、衡州等地，杜甫又看到百姓生活的艰辛。后杜甫在潭州遇到了侄子，在潭州和衡州也遇到了不少朋友。人到老年，对于杜甫来说，这段平和的经历已经是来之不易。

·落花时节又逢君·

　　人们常用落花来形容美好的事物凋零，杜甫在人生的晚期，创作出了他七言作品的巅峰之作——《江南逢李龟年》：

　　　　岐王宅里寻常见，崔九堂前几度闻。
　　　　正是江南好风景，落花时节又逢君。

　　其中的名句"落花时节又逢君"，更是动人心弦，让人感慨。虽然王维也给李龟年写过"愿君多采撷，此物最相思"，但始终觉得不如杜甫此诗更有真意。

杜甫与李龟年早就相识，当时两人是何等意气风发。杜甫风华正茂，鲜衣怒马，出入于显贵门庭，吟诗作赋，好不风流。而李龟年呢，因为其出众的嗓音与歌喉，成为了长安、洛阳人人追捧的对象。谁把李龟年邀请到家里，不仅代表着当时的时尚，更代表着是家庭的荣耀。

当杜甫和李龟年再次相遇的时候，仿佛是在另外一个平行世界相见一样。当年英姿飒爽的杜甫，已经是个生活贫穷、百病缠身的老人。李龟年和杜甫境遇差不多，此时正在街口靠卖唱为生。

两人再度相见，他乡遇故知，还是境遇相同的人，怎么能不生出些感慨呢？

江南此时正是落花时节，那么，杜甫和李龟年的人生又何尝不是到了人生的落花时节呢？杜甫和李龟年，两人相逢的时候，正是玄宗统治的巅峰时期。玄宗创造的开元盛世，在安史之乱的战火中被摧毁。肃宗、代宗，被宦官玩弄于股掌之间，藩镇将领视朝廷如无物。而这个时期的大唐，似乎也确实快到了落花时节。

仅仅四个字"落花时节"，包含了多少的无奈和感慨，又包含了多少往昔的辉煌与风光。即便如此，杜甫的语言依然是平淡而冷静的。可见，他已经看透了世态炎凉，人间百态。可惜，随着朝廷对地方的控制力越来越低，局势愈发混乱，能让杜甫安身的地方已经不多了。

崔瓘作为一名官员，应该是杜甫欣赏的类型。他为官清廉，做事谨慎，一步步升迁到澧州刺史的位置。在澧州期间，崔瓘减轻了当地百姓的赋税和劳役，以让百姓安居乐业为己任，让治下地区增加了数万户人口。朝廷为了表彰他的功绩，让他连升五级，担任银青光禄大夫，迁任潭州刺史。

在做潭州刺史的时候，崔瓘依旧把地方治理得很好，不允许当地驻军侵扰百姓。但湖南地区的唐军军纪早已败坏，欺压百姓，违法乱纪，已经成了常态。崔瓘想要约束军队，而军队则不想听命于他。矛盾很快就出现了，大历五年（770）四月八日，湖南兵马使臧玠在领取钱粮的时候，与判官发生了激烈冲突。臧玠当晚回到兵营，立刻举兵造反。他带领叛军先杀死了与他起矛盾的判官，随后又杀掉了刺史崔瓘，潭州城内彻底失去了控制。

叛军开始抢劫、杀人，放火烧毁房屋。城中百姓惊慌失措，只能拼命逃跑，离开潭州城。杜甫一家也在其中，趁着夜色混入人群，前往在江边停泊的船上。上船以后，他们马上向南打算前往衡州，还没走出多远，就看到岸上有一匹仓皇跑来的白马，马鞍上被射了两箭。可怜的骑士应该已经殒命，杜甫非常悲伤，作了一首《白马》哀悼：

> 白马东北来，空鞍贯双箭。
>
> 可怜马上郎，意气今谁见。
>
> 近时主将戮，中夜商於战。
>
> 丧乱死多门，呜呼泪如霰。

这首诗哀悼的不仅是原本在马背上的骑士，还有无数因为这场叛乱而伤亡的百姓。

从潭州乘船到衡州，快则需要二十天，慢则可能要一个月。在船上的生活是不能补充到物资的，所以杜甫一路上不敢迁延，只能快速行船。衡州刺史阳济见到杜甫的时候，杜甫的表现颇为惊慌失措。等到安定下来以后，他就以自己的经历创作了一篇《逃难》。

杜甫的一生多灾多难，仅仅是逃离战乱，就已经有很多次了。安史之乱，徐知道叛乱，如今潭州又乱了。天下之大，到底哪里才是容身之所呢？北方回不去，南方也有战乱，难道自己注定要埋葬在江边？总之，杜甫又一次踏上了逃难之路，而这一次，对杜甫的身体、精神，都造成了巨大创伤。

臧玠叛乱以后，周边的澧州、道州、衡州，都出兵讨伐。澧州刺史杨子琳和杜甫有过来往，道州刺史裴虬上任时杜甫曾写诗勉励，杜甫的新朋友苏涣此时正在阳济幕府中做事。因此，杜甫对于臧玠叛乱能被快速平息是持乐观态度的。事实是，杜甫看人的眼光并不是那么准。杨子琳出兵只是装装样子，臧玠拿出金银贿赂，他就收兵了。被杜甫当成猛将的苏涣，并没能在战场上发挥猛将的作用。一直到辛京杲上任，成了新的湖南观察使后，叛乱才被平定。

杜甫有一位舅父，名叫崔伟，在郴州做录事参军。他给杜甫写来一封信，希望杜甫能来郴州。生活艰难的杜甫欣然应允，于是就带着家人在六月中下旬出发，乘船前往。航行了一个月后，遭遇江水上涨，不敢继续行船，只好滞留在方田驿。没想到，连续五天水位都不见下降，杜甫一家的存粮早已吃完。幸好当地县令得知消息，赶紧派人送来牛肉，帮杜甫一家度过了难关。这一行为让杜甫感激涕零，杜甫也写下了《聂耒阳以仆阻水，书致酒肉，疗饥荒江，诗得代怀，兴尽本韵。至县，呈聂令。陆路去方田驿四十里，舟行一日，时属江涨，泊于方田》一诗。

从诗名不难看出，相距四十里的耒阳县城杜甫都难以抵达，想要到更加遥远的郴州去，显然很难做到。与其停留在方田驿，一边忍受饥饿，一边抵御酷热，不如回到襄阳去避暑。正好杜甫的祖籍也在襄阳，到襄阳也能盖间草房，开辟两亩菜园，了却余生。按照杜甫的估计，天气到最热的时候，他应该已经在襄阳了。实际上，因为他不断生病，又缺衣少食，速度远不如想象得快。

七月上旬，杜甫一家回到了潭州。三个多月的时间，臧玠发动的叛乱已经平息。杜甫居住在潭州江阁之上，为参与平叛的裴虬写了诗，还有一首让裴虬帮忙带给小友苏涣。在潭州，他还遇到了李衔。这位李衔与杜甫结识已有十二年，第一次见面还是杜甫在同谷受苦的时候。十二年后再次见面，刚见面不久他们却要分别。

杜甫与李衔的会面，对于重构杜甫的经历是非常有意义的。在杜甫创作的诗歌《长沙送李十一衔》中，有"洞庭相逢十二秋"这样一句。一直有说法，认为杜甫在五月的时候已经病逝在了耒阳。实际上，杜甫与李衔认识，到大历五年（770）刚好是十二年，而十二秋，说明至少到大历五年的秋天，杜甫依然健在。

秋天快要结束的时候，杜甫觉得自己的身体日渐康复，就决定告别湖南的亲友们，继续北归。在做准备的时候，他作了《暮秋将归秦，留别湖南幕府亲友》：

水阔苍梧野，天高白帝秋。

途穷那免哭，身老不禁愁。

大府才能会，诸公德业优。

北归冲雨雪，谁悯敝貂裘。

在这首诗里，杜甫将自己年老体衰，路途遥远的情况描写得非常凄惨，随后大力称赞湖南观察使和各位亲友是有德行、有才能的。显然，他希望能从亲友处获得帮助。

因为贫困一直伴随着杜甫的后半生，写诗求人帮忙的事情他做的不少。但是，因为性格使然，他很少将事情说得坦白，始终要为自己保留几分颜面。这一次不同，他几乎是用哭诉的方式将自己窘迫的状况放在众人面前，希望能得到帮助。或许是因为杜甫回乡的心情格外强烈、迫切、坚定，又或许他担心再也回不去了。不论如何，这首诗没有起到他想要的效果。

不管亲友们是否愿意提供帮助，北上都是板上钉钉的事情。在秋日结束，冬日将至的时候，杜甫离开潭州前往岳州。就在这艘漂泊多年仍没能找到落脚处的小船快要到洞庭湖的时候，杜甫病卧孤舟，强撑最后一口气，写下了绝命诗《风疾舟中伏枕书怀三十六韵奉呈湖南亲友》。

读而时思之

> 到晚年，杜甫再次遇到李龟年。初相逢时二人英姿勃发，国家强盛；如今国家衰落，杜甫疾病缠身且贫困，李龟年则沦落到街头卖唱。这样巨大的反差，令人唏嘘。又出现战乱，杜甫再次避难，而后决定北上。然而，杜甫的生命也到了尽头。

·老病孤舟，家国天下·

《风疾舟中伏枕书怀三十六韵奉呈湖南亲友》是杜甫一生的绝笔：

轩辕休制律，虞舜罢弹琴。尚错雄鸣管，犹伤半死心。

圣贤名古邈，羁旅病年侵。舟泊常依震，湖平早见参。

如闻马融笛，若倚仲宣襟。故国悲寒望，群云惨岁阴。

水乡霾白屋，枫岸叠青岑。郁郁冬炎瘴，濛濛雨滞淫。

鼓迎非祭鬼，弹落似鸮禽。兴尽才无闷，愁来遽不禁。

生涯相汩没，时物自萧森。疑惑尊中弩，淹留冠上簪。

牵裾惊魏帝，投阁为刘歆。狂走终奚适，微才谢所钦。

吾安藜不糁，汝贵玉为琛。乌几重重缚，鹑衣寸寸针。

哀伤同庾信，述作异陈琳。十暑岷山葛，三霜楚户砧。

叨陪锦帐座，久放白头吟。反朴时难遇，忘机陆易沈。

应过数粒食，得近四知金。春草封归恨，源花费独寻。

转蓬忧悄悄，行药病涔涔。瘗天追潘岳，持危觅邓林。

蹉跎翻学步，感激在知音。却假苏张舌，高夸周宋镡。

纳流迷浩汗，峻址得嶔崟。城府开清旭，松筠起碧浔。

披颜争倩倩，逸足竞骎骎。朗鉴存愚直，皇天实照临。

公孙仍恃险，侯景未生擒。书信中原阔，干戈北斗深。

畏人千里井，问俗九州箴。战血流依旧，军声动至今。

葛洪尸定解，许靖力还任。家事丹砂诀，无成涕作霖。

　　诗歌使用了数量惊人的典故，只有少许描写景色和抒情的句子。这样的诗歌创作难度极大，不仅因为要饱读诗书，还要注意诗歌这种载体对工整对仗、声律整齐的极高要求。即便如此，杜甫仍能在即将故去之前，举重若轻地创作出来，可见此时他对于诗歌的创作已经臻于化境。

　　诗歌的第一步部分讲述自己的身体老病，精神上充满愁绪，已经没办法再旅行下去了。黄帝和虞舜已经不必弹琴歌南风了，因为自己的头风病发作，疼痛难忍，或许就是因为他们的音律错了。这里也用来自喻，以后也不必再写诗了。鸮禽指代的是猫头鹰，贾谊被流放到长沙时，曾见过土人捕获猫头鹰，认为这是不祥之兆。杜甫在长沙时，经常提到贾谊。而此时此刻，相信他也觉得有不祥的预感，认为湘江畔就是自己的埋骨之处。

诗歌的第二部分，是杜甫在描述自己人生的转折。历尽千辛万苦，他才当上左拾遗这个清贵官。还没等到大展宏图的时候，就因为替房琯说话而被肃宗贬谪。多年的漂泊，病弱的身体，贫困的生活，让他身心俱疲。只能将赈济黎民的希望，寄托在亲友身上。在这段落中，杜甫引用了辛毗劝谏曹丕的故事。辛毗是三国时期曹魏谋士，性格刚强耿直。一次，曹丕打算把冀州十万户百姓迁往正在遭受蝗灾的河南，群臣劝谏都难以改变曹丕的意思，辛毗就抓着曹丕的衣角不肯放手，这才说服了他。

接着，杜甫讲述了自己在湖南时期的生活，以及他高尚的节操。纵观杜甫的后半生，几乎是长期倚靠亲友资助活着。他表明心迹，说自己虽经常向亲友求援，讨要一些吃食，实际上自己需要的很少，一点点就能满足。求援次数很多，但却没有因为贫穷接受过不义之财。自己的心思，天地可鉴。将自己的行为、内心，在人生即将迎来终结之时向所有人剖开，这是何等光明磊落。即便是常常要求助别人，却也不可认为是摇尾乞怜。

第三段，杜甫讲述自己到了湖南后遭遇的种种苦难。他经历了严重的消渴症，身体虚弱，生活贫苦，好不容易得来的小女儿还夭折了。即便经历了种种苦难，他心中对于湖南的亲友还是充满感恩的，称赞他们都是德才兼备之士，要是接下来能再给他一点儿帮助就好了。杜甫在此时已经明白自己时日无多，那么所求的帮助能是什么呢？自然是希望在他故去后，湖南的亲友们能给他的夫人、孩子们一些帮助，这已经是托孤的意思了。

在诗歌的最后，杜甫还在关心国家的情况。安史之乱后，各地战乱不休。杜甫为了躲避战火，举家逃往南方。之后经常北望长安，想着有朝一日能够回去。但战乱不止，长安终究是可望而不可即的。即便是在人生最后的时间里，杜甫依然在忧国忧民。

写完《风疾舟中伏枕书怀三十六韵奉呈湖南亲友》后不久，大历五年（770）冬，杜甫便在湘江上的一艘小船里离开了人世。他再也没能回到长安，也没能回到祖籍襄阳。直到四十三年后，杜甫的孙子杜嗣业才拼着倾家荡产将祖父的灵柩运回老家。在首阳山下，挨着祖父杜审言安葬了。

杜甫的诗歌在当时并没有得到肯定，但在后世人们发现了其价值，不仅有极高的文学价值，更是可以当成史料的重要组成部分。因而，杜甫在文坛中的地位水涨船高，最后与久负盛名的"诗仙"李白并驾齐驱，被人们称为"诗圣"。

诗人总是与浪漫分不开，人们愿意传诵诗人浪漫的经历，也愿意收集浪漫的典故。李白最终是在病榻上去世的，人们却不愿意相信，编造出了李白醉酒后，去捞水中月，不慎落水的浪漫故事。既然李白有这样的故事，与李白并列的杜甫怎么能没有呢？于是，关于杜甫究竟是怎样离世的，也有历代学者、文人寻找其他更加浪漫的说法。

晚唐学者、官员郑处诲编写过三篇《明皇杂录》，其中记载杜甫是因为暴饮暴食而死。在他的记载中，杜甫前往耒阳，中途遇到涨水，近十天得不到补给。耒阳县令派遣船只前去相迎，带给杜甫牛肉和白酒。杜甫因为喝了太多酒，吃了太多肉，第二天就去世了。

这样的说法的确能与杜甫的行程相吻合，当时杜甫应舅父崔伟的邀请，打算到郴州去。没想到，在耒阳被大水阻拦，得不到饮食。耒阳聂县令听说以后，就派人送去了牛肉白酒。学者们相信那一天后杜甫就去世了，主要是因为杜甫自己写的《聂耒阳以仆阻水，书致酒肉，疗饥荒江，诗得代怀，兴尽本韵。至县，呈聂令。陆路去方田驿四十里，舟行一日，时属江涨，泊于方田》。

有人相信这首写给聂县令的诗歌就是杜甫的绝笔，那么，杜甫死于吃牛肉，喝白酒，也就变得合情合理了。实际上，在这首诗后，杜甫仍有一些创作。包括打算向北返回时候创作的《回棹》，以及真正的绝笔《风疾舟中伏枕书怀三十六韵奉呈湖南亲友》。

要是说杜甫因为疾病和饥饿而死于船上，这很正常。但要说杜甫因为暴饮白酒，暴食牛肉而死，似乎有失风度。因此，杜甫因暴饮暴食而死，这个晚唐出现的说法是许多读书人所不能接受的。现代人掌握了更多知识后，就对杜甫吃牛肉后去世给出了更好的解释。

郭沫若在《李白与杜甫》中从现代角度给出了别样解释。他认为，杜甫被困在耒阳的时候正是炎热的夏季，聂县令既然要救急，送来的牛肉和白酒数量一定颇多，杜甫全家在一天内吃不完。因为天气的关系，牛肉腐烂变质，第二天杜甫吃了这些变质的牛肉，出现食物中毒，因此去世。

至于杜甫的其他家人为什么没死，郭沫若也有自己的解释。杜甫当时患有多种疾病，不限于糖尿病、肺病、头风等，身体虚弱不堪，再加上饮酒促进毒素更快抵达心脏，所以只有杜甫一人中毒去世。这样的说法看似合情合理，归根究底是基于暴饮暴食而死这一说法的推测。

唐末文人李观和北宋文人刘斧对于杜甫的离世也有自己的独到见解。根据两人的文章，杜甫乃是当时天下第一的全才诗人，因为失意浪迹天涯。从蜀地前往耒阳投靠聂县令，而这位聂县令对他并不热情。杜甫内心不愉快，就时常在乡间、村落中游历，饮酒作诗，倒也快活。

一天，杜甫在江边喝醉了，不能回去，就住在了酒家里。当晚，江水暴涨，杜甫被淹死在河水中，尸身都找不到。玄宗南下寻杜甫而不得，聂县令只好在江边造了一座空坟，谎称杜甫因为喝白酒、吃牛肉而撑死了，这才骗过玄宗，让玄宗不再追究。

出于某种角度，这个说法显然更符合人们对大诗人经历、样貌、结局的幻想。在这种说法里，杜甫的诗歌才能得到了肯定，得到了皇帝的重视。他身体还算康健，至少能时常游历在村落之间。他的生活并不窘迫，起码在吃饱之余能有钱饮酒。可惜，这个说法的错误实在是太多，只能作为美好的幻想。

杜甫对于玄宗，极有可能留不下什么深刻的印象。安史之乱没发生之前，玄宗也仅仅只给杜甫授了一个看管仓库的小官来做。安史之乱后，玄宗成了太上皇，终日忧郁，哪里还有心思能想到杜甫呢？更何况，玄宗于宝应元年（762）离世，杜甫在大历五年（770）离世，之间隔了整整八年。玄宗寻杜甫，显然是不可能的。而杜甫却经常在诗歌里怀念玄宗和玄宗开创的伟大盛世，这倒是真的。

从理性的角度分析，这个说法是非常荒谬的。但从感性的角度来说，还是有很多人愿意相信。毕竟这个说法为杜甫灰暗的后半生添加了一点色彩，人们甚至在耒阳县为杜甫建造了坟墓。除了溺水这一说法，也有人认为杜甫老年时因为病痛的折磨，国家的破败，生活的窘迫，在写完《风疾舟中伏枕书怀三十六韵奉呈湖南亲友》后，就投入水中自尽而亡。当然，这个观点也没有得到认可。

既然杜甫没有在耒阳去世，如今在耒阳的杜甫墓也不确定。实际上，因为人们对这位伟大爱国诗人的热爱，在全国范围内有许多处杜甫墓。有些只有单纯的纪念意义，而有些则言之凿凿，认为那就是杜甫的埋骨之处。

在平江小田，有一处杜甫墓，那一座极有可能是杜甫曾经埋骨的地方。元稹为杜甫写的墓志中提到，杜甫死后曾暂时安葬在岳阳，等着日后再迁回河南，落叶归根。但平江距离岳阳很远，如果杜甫是在湘江上去世的，距离岳阳不是更近吗？根据清代文献记载，杜甫去世后，宗武将杜甫葬在岳阳。临终之前，宗武叮嘱儿子要将杜甫的灵柩运回河南偃师。因为种种原因，杜嗣业不仅没办法顺利归葬杜甫灵柩，反而把自己困在了平江，在平江安家落户。杜甫的遗骨，也就葬在了平江。

元稹所写的墓志后面也有说明，最终杜嗣业还是拼尽全力，把祖父的灵柩迁回了河南偃师，并且还在荆州遇到元稹，请求元稹为杜甫作墓志。白底黑字，是不可辨驳的。因此，平江小田的杜甫墓是真的，但在杜嗣业迁走灵柩以后，就已经是一座空墓了。

相比去世后所受的追捧，杜甫生前的种种冷遇显得十分讽刺。正如他自己所说："千秋万岁名，寂寞身后事。"

读而时思之

杜甫的一生是短暂的，而又是光辉的。杜甫一生都在心系自己的国家，关心着天下苍生，他经历了唐朝由盛转衰的全过程，目睹了太多悲惨的画面。杜甫留下了许多脍炙人口的伟大作品，这与他一生所经历的这些磨难是息息相关的。

杜诗在历史上地位的变化

　　杜甫在世时也曾颇有才名，但名气并不来自于他的诗歌，而是他为大唐所做的三大赋。他的诗歌，只得到过友人的称赞，而没有得到广泛的认可。这样的情况不管是在艺术界还是文学界，都不罕见。我们耳熟能详的传世作品，许多都是在作者去世后多年，才被人们发现其价值的。杜甫也是如此，他在整个唐朝都鲜少得到称赞。

　　唐朝诗人任华是少数在唐朝时期对杜甫的诗歌表示认可的诗人。但他对杜甫的好评，多数仍来自于杜甫所做的《三大礼赋》，诗歌只是笼统地给些许称赞。任华流传下来的诗歌不多，一首写给了杜甫，一首写给了李白，还有一首是夸赞怀素上人的书法作品的。不管他的诗歌水平如何，至少说明他有极强的审美，并尊李白与杜甫，体现出他对杜甫诗歌的高度评价。

　　到了代宗大历年间，才有润州刺史樊晃为杜甫编撰了诗歌选集《杜工部小集》。在这本小集当中，讲述了杜甫生平事迹。因为距离杜甫故去的时间很近，所以相对真实，很有价值。他对杜甫的诗歌非常推崇，也因为杜甫的故去悲痛不已，将杜甫与伟大的爱国诗人屈原相提并论。也不知道杜甫的祖父杜审言得知自己的孙子和自以为被他比下去的屈原，在他人心中能相提并论时，是怎样的心情。

杜甫传

中晚唐时期，新乐府运动开始盛行。白居易、元稹、张籍、李绅等人反对在作诗的时候一味堆砌华丽的辞藻，认为要创新题材，用通俗的语言描写实事。这些优点正是杜甫的诗歌所拥有的，所以白居易、元稹、张籍等人都对杜甫的诗歌非常崇尚。

之前我们说过，元稹为杜甫作了《唐故工部员外郎杜君墓系铭并序》，其中盛赞杜甫，认为千古以来的诗人，从未有人达到他这样的高度。张籍为了"肺腑常清新"，居然将一卷杜甫的诗歌烧成灰烬，就着"蜜膏"喝下去。唐宋八大家之一的韩愈，也曾有过"李杜文章在，光焰万丈长"的诗句。

晚唐时期，对杜甫诗歌的评价又达到了新的高度。孟启认为，杜甫遭遇安史之乱，逃亡于陇蜀之地的时候，把所见所闻都记录下来，并且根据自己所看到的，得出了众多自己的推论，几乎没有什么漏掉的事情。因此，可以将杜甫的诗歌称为诗史。孟启的说法得到了后世学者、诗人，甚至史学家的广泛认可。杜甫擅长记录时事，并且经常有精深的看法，经常有上千言的记录，之后杜甫的诗歌开始被广泛收录于各种诗歌选集。

宋代是我国历代文华最盛的，因此杜甫作为爱国诗人的楷模，地位也开始飞速提高。就是从宋代开始，杜甫被誉为"诗圣"。在宋代，最为知名的是江西诗派，诗派尊崇"一祖三宗"，黄庭坚、陈师道、陈与义三人为三宗，杜甫为一祖。不仅黄庭坚、陈师道、陈与义三人推崇杜甫，王安石、苏轼等虽然政见不同，但都对杜甫推崇备至。

苏轼认为，从古至今诗人众多，但杜甫在饥寒交迫、流落街头之时，仍能有所忧民，当属古今第一人。黄庭坚也说，杜甫一生穷饿，却能作出几千篇诗歌，可与日月争光。至于与他们政见不同的王安石，盛赞杜甫忍受穷困，面对盗匪，仍不忘记为国分忧，自己住在破

总结　杜诗在历史上地位的变化

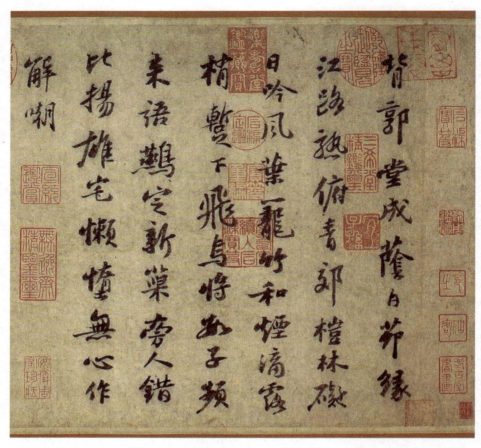

北宋苏轼书写的杜甫诗《堂成》

旧的草庐，心中想着的却是天下忍受贫寒的百姓，以至于每每见到杜甫的画像，他都忍不住涕泗横流。

在众多名臣、名士的夸赞下，研究杜甫诗歌的人越来越多，为杜甫诗歌做出注解的人更是不计其数。在两宋年间，学诗歌的人要是不学杜甫，就是异类。后世各种杜集版本，也都是以此时出现的《杜工部集》作为母本的。《杜工部集》是王洙、王琪于嘉佑四年编撰的，当时刊印了一万册，每册售价高达一千钱。消息放出后，士人们争相购买，很快就售卖一空。

除此之外，在宋代还有许多杜甫诗歌的重要注本，不仅文人们崇尚杜甫，就连女子、武人也都知道杜甫的名字，也能念上几句杜甫的诗歌。在影响力上能与杜甫抗衡的，就只有李白了。

在北宋时期，杜甫诗歌之盛行引发了许多雅趣故事。诗人王禹偁是诗文革新运动的先锋，他一生之中都将杜甫视为楷模。为官时也常常直言进谏，因此与杜甫一样，屡遭贬谪。一次，王禹偁创作了两首春日小诗，其中一首与杜甫的《绝句漫兴九首》中的一篇非常相似。

王禹偁的儿子同样饱读杜诗，便认为父亲的这首诗歌有剽窃杜甫的嫌疑。当王禹偁知道儿子这样想之后，不仅不以为忤，反而非常高兴，因为自己的诗歌能与诗圣杜甫相似。随后，他又作诗将自己放在末学后进的位置上，盛赞杜甫。

北宋政治家吴居厚是杜甫诗歌的忠实拥护者，他担任户部尚书的时候，每天上朝前都要和其他官员谈论杜甫的诗歌。古代官员上朝时天还不亮，在等待上朝的时候，一般会在屋檐下闭目养神，打个盹。吴居厚会在这个时候拉住其他官员谈论杜诗，官员们都避之不及。其中最害怕他的是中书舍人叶涛，为了躲避吴居厚，他常常把椅子搬到屋檐外的院子里去。一日，天降大雨，叶涛宁愿被雨淋湿也不回去。同僚们问他原因，他回答说："怕老杜诗。"

北宋的诗人们越是研究杜甫的诗歌，就越是心惊，越是对杜甫推崇备至。北宋诗人陈从易得到了一本旧的杜甫诗集，其中五言诗有一句"身轻一鸟……"中掉了最后一个字。那么，这个字是什么呢？陈从易想不出来，幸好他有一群文人朋友，他便把朋友们叫来，一人想一个字来补充，看看谁补得最好、最合适。

其中一个友人认为，"身轻"的鸟儿，自然是动作迅疾的，因此最后一字应该是"疾"。有人认为，"疾"字不好，既然鸟的身体放轻，那应该是要落下了，应该是个"落"字。至于其他的人，有用"起"字的，有用"下"字的，七嘴八舌，各执一词。谈论了半天，最终也没能达成共识。

许久之后，陈从易得到了一本没有破损的杜甫诗集，这才发现原文中掉落的那一字是"过"。陈从易想到当时友人们说过的"疾""落""起""下"等字，反复品味，最终得出结论，果然还是"过"字来得更好。这其中掉落的一字，是他和他的朋友们难以企及的。

当人们过于热爱某种事物，过于推崇某种事物的时候，会不自觉地将其神化。宋人推崇杜甫的诗歌，自然也难逃神化杜诗、神化杜甫。杜甫在长安时曾患上疟疾，后来也曾一度复发，饱受折磨。宋人熟读杜诗，对于杜甫患过疟疾一事并不陌生。因此，宋人在患上疟疾的时候，难免会想起杜甫。

杜甫是一位诗圣，会悲天悯人，为自己治疗，解除病痛。所以，就有士人在患上疟疾的时候，梦见杜甫对他说："读我的诗歌，就能治好你的疟疾。"士人问杜甫："那诵读哪一句能治好呢？"杜甫回答说："'夜阑更秉烛，相对如梦寐'这两句应该可以。"

士人诵读诗歌后，病情并未好转，于是又问杜甫，还有哪首诗能解除病痛。杜甫回答说："告诉你的两句不管用，说明病情非常严重，那就只能求助于'子璋髑髅血模糊'了。"士人诵读后，果然痊愈了。

在封建王朝，帝王总是想要千秋万代，忠臣良将们也在为这个目标努力。但是，历史告诉我们，封建王朝拥有其局限性，想要千秋万代是不可能的。由盛转衰之时，总是有颇为相似的情况。杜甫经历过安史之乱，记录下了百姓遭遇的种种危难。南北宋之交的时候，文人墨客们面对战乱，更能体会杜甫诗歌当中蕴含的种种情感。

抗金名臣李纲就曾说过，平日里读杜甫的诗歌，并没能完全体会其中的奇妙。等到亲身经历兵火战乱后再去诵读，发现描写的情况和眼前一样，这才体会到其中的巧妙。

北宋灭亡之后，爱国诗人汪元亮也说，小的时候读杜甫诗歌，觉得其内容干枯无趣。此时此刻熟读后，才知道杜诗句句都是好的。与汪元亮有相似感慨的还有江西诗派的陈与义，他也说尽管自己已经认真研读杜诗了，但北方落入敌手后才发现，自己对杜诗还是不够重视。

杜甫的诗歌风格、内容，在北宋灭亡，南宋政权建立后，越发受到文人们的重视。陆游是宋朝著名爱国诗人之一，他的诗歌气势磅礴，内容也有许多忧国忧民题材。陆游将杜甫放在了高不可攀的位置上，他觉得诗人这样简单的称呼，是远远配不上杜甫的，以杜甫出众的才华，伟大的爱国精神，崇高的人格，深邃的眼光，应该被人们当作是圣贤，当成是伟大的政治家才对。

事实上，南宋大儒朱熹的想法与陆游非常相似。陆游只不过是提出了个想法，而朱熹则真正将杜甫与诸葛亮、颜真卿、韩愈、范仲淹并列为从古至今个人品格最为高尚的五位君子。

南宋即将灭亡时，杜甫的诗歌成为了南宋忠臣们的支柱与脊梁。文天祥被囚禁于大都的时候，就用不断集合杜甫诗歌这一举动来坚定自己的信念。在这一过程中，文天祥集了杜诗二百多首。他在诗集的

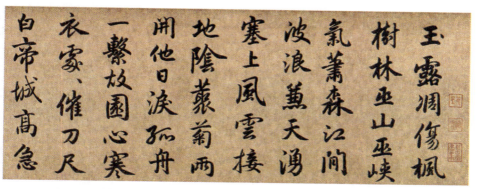

元代赵孟頫书写的杜甫诗《秋兴八首》其一

序中说，我想要说的，杜甫早就说过了。久而久之，我甚至忘记了这是杜甫的诗歌，而是我创作的。我这才明白，杜甫的诗歌都来自人情、人性。这也是为什么，即便相隔百年，他的诗歌也能为我所用。

宋朝灭亡之后，研究杜诗的人就少了。但是，杜甫个人的地位却没有受到影响，反而越来越高。与唐诗宋词不同，元朝盛行的是元曲和杂剧，杂剧最受欢迎的题材就是才子佳人。杜甫作为才子，自然会出现在各种杂剧中担任主角。另外，元朝统治者想要赢得汉人的拥护，也要在文化方面获得认可。元顺帝就在草堂祭祀过杜甫，追谥杜甫为文贞公，草堂也被改为草堂书院。

宋代开始有人称呼杜甫为"诗圣"，而到了明代，诗仙和诗圣就已经成为了李白、杜甫二人的代称。既然杜甫已然成为了圣人，没有一些神迹、传说，显然是不合理的。于是，民间就出现了关于杜甫诗歌的传说。

相传，在明嘉靖年间，有一个名叫黄玺的江西人，哥哥外出经商多年未曾回家，便外出寻找哥哥的下落。他到处打听，却始终没有得到一点儿消息。黄玺不知道走了多少路，历经多少风霜雪雨。钱花光了，他就一边流浪，一边寻找，始终没有打算放弃。就在他流浪到衡州的时候，他在衡州岳庙祈祷，希望神明能为他指明兄长所在的地方，随后就留宿在了庙里。

当夜，他做了一个梦，梦里一个神人告诉他两句诗："沈绵盗贼际，狼狈江汉行。"黄玺醒来后不敢怠慢，将这两句诗牢牢地记住。但他不是什么文人，根本不懂这两句诗歌出自哪里，有什么意思。在岳庙外，他遇见一个书生，赶紧询问这两句诗歌的来历。书生告诉他，这两句乃是杜甫所作《同元使君春陵行》中的诗句。春陵，也就是如今的湖南道州。

黄玺得知这两句诗指向道州后，便前往道州碰运气，看看能否寻

清代董邦达《杜甫诗意高宗御题轴》

总结　杜诗在历史上地位的变化

找到兄长的下落。在道州城中，黄玺突然内急，就寻了一处公厕，把伞放在了公厕外面。他的兄长黄伯震刚好路过此处，看见弟弟的伞，便认出这是老家江西的一种雨伞。仔细观察，伞柄上赫然刻着弟弟的名字。他又惊又喜，正巧弟弟从厕所中出来，两人马上相认，抱头痛哭。之后，他们一起回到家乡。

这个故事被记录在《明史》之中，虽是传奇故事，但仍能从侧面看出，杜甫的诗歌在明代是多么普及。

明末清初，文人们对杜甫诗歌的研究又来到一个高峰。宋朝灭亡的时候，文人们需要杜甫的诗歌作精神支柱，明朝灭亡时也同样如此。许多爱国文人宁可隐居起来，终日阅读杜诗度日，也不愿意给清朝效力。也有大量明朝遗民会在重阳节时祭奠屈原和杜甫等爱国诗人，希望屈原、杜甫等人忠贞不渝的气节能保佑他们。

明代张瑞书写的杜甫诗《夏日李公见访》

清朝中后期，杜甫的诗歌仍然是爱国文人、学者们的精神支柱。面对腐朽的晚清，各个群体、阶级都在寻找拯救中国的办法。但不管是那个群体、哪个阶级，都将杜甫作为了敬仰、崇拜的对象。

维新派领袖康有为、梁启超对杜甫非常崇敬，特别是康有为，能一字不差地背诵所有杜甫的诗歌。无独有偶，新文化运动的发起人，五四运动的领导者陈独秀，也能一字不差地背诵杜甫所有诗歌。鲁迅、闻一多、胡适等爱国作家、文学家，都是杜甫的拥趸。

伟大的爱国情操让杜甫的诗歌并不局限于被中国人喜爱，在日本、韩国，甚至美国以及众多西方国家，都有杜诗的粉丝。有许多学者、文学家、汉学家，都认为杜甫是中国最伟大的诗人，是莎士比亚一样的人物。他的伟大，甚至超过了文学范畴。

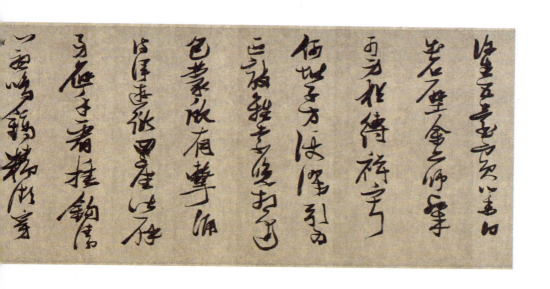

杜甫生平及作品年表

先天元年（712）

■ 历史纪事

睿宗禅位于太子李隆基。太平公主因深得太上皇信任，在朝中掌控大权。

■ 诗人经历

正月初一出生于巩县。

开元二年（714）

■ 历史纪事

唐玄宗李隆基先后发动了滦水谷之战和武街之战。滦水谷之战，中了契丹的埋伏，战败。武街之战，大败吐蕃，缴获牛羊无数。

■ 诗人经历

遭遇重病，险些丧命，被寄养到洛阳的二姑家。

开元五年（717）

■ 历史纪事

玄宗恢复中书省、门下省。大唐与日本的交流愈发密切，吉备真备、阿倍仲麻吕等著名遣唐使来到了唐朝。

■ **诗人经历**

前往郾城观看公孙大娘的剑舞。

开元六年（718）

■ **历史纪事**

唐玄宗下令整治私铸钱币，整顿始于高宗，到武则天时期泛滥的私铸、盗铸钱币的情况。

■ **诗人经历**

开始学习作诗，作《咏凤凰》。

开元十三年（725）

■ **历史纪事**

玄宗前往泰山举行封禅大典，遇到大风。玄宗心神难安，便在半夜里向上天祷告，狂风这才停止。第二天，玄宗成功封禅。

■ **诗人经历**

开始在洛阳出入文人墨客聚集的翰墨场，与崔尚、魏启心成为了忘年交。出入岐王宅里、崔九堂前，与李龟年相识。

开元十八年（730）

■ **历史纪事**

唐与吐蕃多次交战，吐蕃向大唐提出和亲。双方互派使者，结为秦晋之好。

■ **诗人经历**

人生中第一次漫游，目的地是郇瑕。在郇瑕，他认识了一生的知己韦之晋和寇锡。

开元十九年（731）

■ 历史纪事

高力士在政治斗争中获胜，从此宦官势力愈发庞大。

■ 诗人经历

开始人生第二次漫游，饱览吴越地区的风景名胜，还想东渡日本，但未果。

开元二十三年（735）

■ 历史纪事

册封杨玉环为玄宗之子、寿王李瑁的妃子。

■ 诗人经历

回到洛阳参加乡试，随后又参加贡试，未中。

开元二十四年（736）

■ 历史纪事

张守珪部将安禄山违反军法，被送往京师听从发落，被赦免。李林甫升为中书令。

■ 诗人经历

前往齐赵地区，结识苏源明。前往兖州与父亲会面。

游历泰山时作《望岳》。

开元二十七年（739）

■ 历史纪事

玄宗派兵攻打突厥，随后又击败吐蕃、小勃律，重新打开丝绸之路的门户。

■ **诗人经历**

漫游齐赵，结识高适。

开元二十八年（740）

■ **历史纪事**

张九龄病逝，李林甫在朝中一手遮天。玄宗与杨玉环见面，要求杨玉环与寿王分开，想纳杨玉环为妃。

■ **诗人经历**

结识张玠。

开元二十九年（公元 741 年）

■ **历史纪事**

安禄山成为营州都督、平卢军使。玄宗与杨玉环住进兴庆宫。

■ **诗人经历**

结束齐赵漫游，回家祭祖。迎娶了司农寺少卿杨怡之女。

作《祭远祖当阳君文》《房兵曹胡马》。

开元三十年（742）

■ **历史纪事**

改年号为天宝。

设置平卢节度使，命安禄山担任，管辖营州。此时唐朝共有十路节度使，兵马众多。

■ **诗人经历**

前往陈留探望外祖母卢氏，随后前往洛阳。

二姑病逝于洛阳。

天宝三载（744）

■ 历史纪事

安禄山贿赂礼部尚书席建侯，后者在玄宗面前称赞安禄山公正、正直。安禄山兼任范阳节度使。

玄宗认为天下太平，百姓富足，想把政事托付李林甫，自己享乐。询问高力士意见，高力士认为不妥。玄宗不悦，从此高力士不敢言。

■ 诗人经历

初遇李白，与对方一见如故，决定结伴漫游梁宋。处理祖母丧事，与前往陈留的李白靠书信往来。与李白游梁宋，遇高适，三人结伴游。

作大量作品，如《赠李白》。

天宝四载（745）

■ 历史纪事

回纥怀仁可汗攻杀突厥白眉可汗。突厥投降大唐。回纥逐渐强大，不断蚕食领土。

杨玉环被册封为贵妃。杨国忠被引荐给玄宗，得以入宫。

■ 诗人经历

再次与李白相会，共游齐赵。与其他士人设宴，之后与李白在鲁郡分别。

为李白作《与李十二白同寻范十隐居》《赠李白》《冬日有怀李白》。

天宝五载（746）

■ 历史纪事

李林甫诬陷刑部尚书韦坚、陇右节度使皇甫惟明谋划立太子为帝，韦坚一党被流放者多达数十人。随后,李林甫又以勾结东宫为罪名,杖杀杜有邻等人。

■ 诗人经历

回到长安,得到了汝阳王府、汉中王府、郑驸马府的欢迎。在长安,结交岑参、郑虔。

作名篇《冬日忆李白》《送孔巢父谢病归游江东兼呈李白》《饮中八仙歌》。

天宝六载(747)

■ 历史纪事

北海太守李邕被牵连进杜有邻案,被李林甫派遣酷吏杖杀,皇甫怀明和韦坚也被赐死。

唐玄宗组织京城考试,李林甫将举子全部黜落,宣称"野无遗贤"。

王忠嗣发现安禄山有不臣之心,禀告朝廷。

王忠嗣提拔名将哥舒翰、李光弼,大胜吐蕃。玄宗要求王忠嗣乘胜追击,王忠嗣认为不可,玄宗不悦。将军董延光主动请缨,玄宗同意,并让王忠嗣配合。

董延光下令强攻,王忠嗣不听,结果失败。董延光上书称王忠嗣阻挠军计,玄宗大怒。李林甫陷害王忠嗣打算尊崇太子,玄宗大怒,贬王忠嗣为汉阳太守。

■ 诗人经历

参与科举,因李林甫黜落全部士子,未中。

天宝七载（748）

■ **历史纪事**

高力士被加为骠骑大将军。杨国忠升迁为给事中，兼御史中丞。杨贵妃的三位姐姐都被加封为国夫人。朝廷内外，奸臣当道。

■ **诗人经历**

应试不举而失落，回到老家。

作《天狗赋》。

天宝八载（749）

■ **历史纪事**

哥舒翰攻破吐蕃石堡城，俘虏吐蕃四百人，但伤亡过万。郭子仪升为横塞军使。咸宁太守赵奉璋上书怒告李林甫，后者命令御史逮捕赵奉璋，将其杖杀。

■ **诗人经历**

在长安作诗称赞高仙芝的马，夸赞高仙芝的功劳。前往玄元皇帝庙拜谒。

天宝九载（750）

■ **历史纪事**

群臣请求玄宗封禅西岳，准奏。但持续出现灾害，玄宗取消行程。杨国忠显露野心，准备取李林甫而代之。安禄山深得玄宗恩宠，被封为东平郡王，随后，又假装设下聚会，引奚、契丹两部落的人来参加，将其灌醉后，坑杀之。

■ **诗人经历**

寓居长安，开始通过投赠干谒来谋求官职。朝廷举办祭奠之礼，创作《朝献太清宫赋》《朝享太庙赋》《有事於南郊赋》，获得进入集贤院考试的机会。由于李林甫的干预，只取得集贤院候补。

天宝十载（751）

■ 历史纪事

安禄山请求兼任河东节度使，得到准许；培养契丹降将，准备谋反。安禄山率领士兵八万人讨伐契丹，唐军大败，伤亡惨重，安禄山也被射下马来，后得救脱困。

■ 诗人经历

受邀前往乐游原宴饮，见朝廷征兵戍边的情况，深感百姓生活之艰苦，埋怨李隆基好大喜功。

作《兵车行》。

天宝十一载（752）

■ 历史纪事

三月，安禄山集合二十万大军复仇契丹。突厥将领阿布思来降，玄宗以厚礼待之，赐名李献忠，封为奉信王、朔方节度副使。

李献忠与安禄山不和，安禄山要求李献忠一起攻打契丹，李献忠担心被安禄山所害，不从。后出现变故，李献忠率军劫掠仓库逃往漠北。

京兆尹王鉷权势遮天，王鉷的弟弟王銲野心膨胀，朝中有得罪他们二人的都被他们找理由处死。

王銲与邢縡交好，邢縡与他人密谋引乱军杀死李林甫、陈希烈、杨国忠等人。事情败露，玄宗命王鉷和杨国忠抓捕作乱者。王鉷却饶了邢縡，直到高力士率领禁军赶到才斩杀了他。

事后，杨国忠禀报玄宗王鉷参与谋反，玄宗认为王鉷不会，李林甫也为其说情。玄宗打算让王鉷自己请罪并赦免他，王鉷却咬紧牙关不肯。玄宗大怒，命杨国忠审问王鉷。结果玄宗查出王鉷和王銲之前想要谋反，便赐死王鉷，杖毙王銲。

杨国忠成为京兆尹，权势膨胀；李林甫被唐玄宗疏远。杨国忠公开与李林甫为敌。

■ 诗人经历

在长安见做官无望，退回洛阳。秋季，与跟随哥舒翰回长安的高适相会，并遇到了岑参。

作《奉赠韦左丞丈二十二韵》赠给出任冯翊太守的韦济，还作《曲江》其三。

天宝十二载（753）

■ 历史纪事

一月，李林甫病逝。

杨国忠约安禄山一起诬陷李林甫与阿布思密谋造反。玄宗信以为真，派人询问。李林甫的女婿杨齐宣惧怕杨国忠，居然帮着杨国忠谋害自己的岳父。

李林甫尚未下葬，玄宗下旨削李林甫官爵，子孙被流放。除了随身衣物和粮食，其他财产全部充公。

杨国忠官拜宰相，安禄山与他为敌。杨国忠向玄宗说安禄山有谋反之心，玄宗不听。杨国忠拉拢哥舒翰，奏请哥舒翰为河西节度使，玄宗同意了。八月，哥舒翰被封为西平郡王。

■ 诗人经历

居住在长安，继续投赠干谒。夏天送高适返回河西。

作《丽人行》。

天宝十三载（754）

■ 历史纪事

杨国忠常说安禄山要造反，玄宗不信，杨国忠便让玄宗召安禄山入朝，安禄山必不敢来。结果安禄山来了，向玄宗哭诉："臣本是胡人，被陛下信任宠爱，但被杨国忠嫉妒，没法活了！"玄宗赏赐他大量的财富，继续信任他。太子也劝玄宗，玄宗还是不听。

玄宗封安禄山为左仆射，安禄山向玄宗奏请，希望能封赏他来自各部落的部下，玄宗准奏。安禄山麾下两千余人受封。几天后，安禄山向玄宗辞行，打算回范阳。

安禄山生怕杨国忠生事，就疾驰出潼关，乘船日行数百里。此时，大家都看出安禄山要谋反，但谁和玄宗说，玄宗就会将其绑起来送到范阳去。此后没人敢劝玄宗。

■ 诗人经历

在友人资助下在长安南郊盖了少陵草堂，将妻儿接到长安团聚。天降暴雨，将妻儿送回奉先，独自留在长安。继续投赠干谒，向朝廷献赋，以求入仕。

天宝十四载（公元 755 年）

■ 历史纪事

二月，安禄山派遣副将何千年入朝，希望能用番将替代汉将，玄宗同意。宰相韦见素与杨国忠商量，继续劝谏玄宗。

杨国忠与韦见素拜见玄宗，玄宗不悦。杨国忠不敢多言。韦见素向玄宗启奏，以任命安禄山为同平章事为由，召他入朝，以贾循为范阳节度使，吕知诲为平卢节度使，杨光翙为河东节度使，分解安禄山势力，玄宗同意。拟好圣旨，留中不发，派遣使者前往安禄山处赠送珍果，借机观察。

使者收安禄山贿赂，在玄宗面前美言。玄宗告诉杨国忠、韦见素，安禄山不会反。没人再能撼动安禄山的地位。

三月二十二日，玄宗命给事中裴士淹宣慰河北，抵达范阳二十多天后安禄山才迎接，并非常无礼。杨国忠以此为由，围困安禄山在京城的宅邸，抓捕安禄山的门客，送往御史台监狱秘密处死。安禄山的儿子安庆宗身为驸马，告知安禄山，安禄山更想造反了。

六月，玄宗以赐婚为理由召安禄山进京，安禄山称病不到。

七月，安禄山献马三千，但每匹马有两人操控，六千人由二十二名番将护送，规模庞大。有人认为其中有诈，玄宗也开始怀疑，彻查派遣到安禄山处的使者。发现其收受贿赂后杀之，随后派遣使者冯神威前往范阳召安禄山入朝。安禄山装病，只见了冯神威一面。玄宗此时已确定安禄山打算造反，但已经收不回兵权了。

十一月，安禄山集合十五万大军，以讨伐杨国忠为由谋反。短短一个月内，安禄山部攻陷东都洛阳。

■ 诗人经历

被授予河西尉一职，后改为右卫率府兵曹参军。探望妻儿，发现幼子被饿死。年底，从奉先返回长安。

天宝十五载—至德元载（756）

■ 历史纪事

郭子仪与李光弼在嘉山击败叛军，河北各县纷纷响应。哥舒翰与杨国忠不和，哥舒翰的部将王思礼劝说哥舒翰诛杀杨国忠，哥舒翰认为这样做是他谋反，而不是安禄山谋反。杨国忠处也有人劝说，哥舒翰掌控朝廷重兵，要杀他易如反掌。杨国忠很是害怕，便向玄宗请命要自令一军。假意守卫京城，实际是为了防备哥舒翰。哥舒翰听说以后，便自请驻守潼关。

哥舒翰与叛军对峙数月于潼关，杨国忠向玄宗说哥舒翰畏战。玄宗派使者催促哥舒翰出兵，哥舒翰被迫出战。结果哥舒翰大败，潼关失守，哥舒翰自己也被俘虏至安禄山处。

玄宗领重臣以及后宫王族、后妃等逃往蜀中。行至马嵬坡，军队发生兵变，杨国忠被杀，杨贵妃自缢。

玄宗逃往成都，太子李亨前往朔方，叛军进入长安。李亨抵达灵武后，在灵武继位，称肃宗，改元至德。大臣、百姓听说太子在灵武继位后，纷纷赶往。

肃宗重用李泌、房琯等人，向回纥借兵，准备收复两都。

■ **诗人经历**

得知潼关被攻破后带领全家逃亡，遇到大雨，前往鄜州。听闻肃宗在灵武登基，将妻儿留在羌村，孤身赶往灵武为国效力。路上遭遇叛军，被虏至长安。

作《月夜》《对雪》。

至德二载（757）

■ **历史纪事**

正月，宦官李猪儿在安禄山儿子安庆绪的教唆下杀死安禄山。严庄等人拥立安庆绪继位，安庆绪称严庄为兄，将事务都交给严庄处理。

房琯掌权，想要收复二都，被叛军击败，返回后不再上朝，与门客谈论宗教，听门客弹琴。门客董庭兰很受宠幸，颇有权势。御史上奏董庭兰受贿，房琯因此被罢相。和房琯一党的都被牵连。

九月，肃宗向回纥征兵以攻叛军。十二日，回纥怀仁可汗派其子叶护带领精兵四千前来，各方兵马共十五万前往长安。二十八日，唐军击败叛军，进入长安。

十月十五日，唐军攻至洛阳城下。十六日，安庆绪率部逃出洛阳。十八日，唐军进入洛阳城，光复东西二都。二十三日，肃宗回到长安。

玄宗从蜀郡出发，于十一月二十二日返回凤翔。十二月三日，玄宗抵达咸阳。二十一日，玄宗正式将传国玉玺授予肃宗。

■ 诗人经历

四月，逃出长安，前往凤翔拜谒肃宗，受封左拾遗。

六月，受到房琯被罢相的牵连，触怒肃宗，受到三司推问。秋季，回乡省亲，回到羌村与家人团圆。

作《春望》《羌村》其三、《收京》其三。

至德三载—乾元元年（758）

■ 历史纪事

二月，肃宗改元为乾元元年，立张淑妃为皇后。张皇后干涉朝政。

房琯被罢相后不上朝，他的门客、党羽为他抱不平。肃宗听说后愈发讨厌房琯。六月，数罪并罚，将房琯逐出京城。杜甫的好友严武也被贬为巴州刺史。

长安收复后，安庆绪逃往邺城，仍占据了河北七郡，六十余城，兵强马壮。安庆绪不理政事，终日饮酒作乐。肃宗命朔方节度使郭子仪、河东节度使李光弼等九路节度使讨伐安庆绪，宦官开封仪同三司鱼朝恩为监军，监统九路大军。

■ 诗人经历

因为房琯一事不受肃宗信任。六月被贬到华州担任司功参军，随后前往洛阳省亲。

作《曲江》其一、《曲江》其二、《曲江对酒》。

乾元二年（759）

■ 历史纪事

正月，史思明在魏州称大圣燕王。

郭子仪等九路节度使围困安庆绪于相州邺城。安庆绪孤立无援，粮草已尽。不料，唐军指挥无序，不思进取。史思明从魏州出兵援助，骚扰唐军。此时天下遭遇饥荒，史思明派人伪装唐军，乱杀运粮者，放火烧粮。唐军断粮后，士气低落。史思明趁机与唐军开战，将九路节度使击溃。史思明趁机扩张势力，占据东都洛阳。战胜后，史思明诱安庆绪到军营中，将其杀死。后史思明收拢安庆绪部属，留长子史朝义守卫相州，自己率军回范阳，随后自称大燕皇帝，改元顺天。

八月十二日，襄州将领康楚元、张嘉延造反作乱，刺史弃城而逃。康楚元自称南楚霸王，肃宗派人宣慰，康楚元不从。

九月一日，张嘉延攻陷荆州，荆州节度使杜鸿渐弃城而逃。沣州、朗州、郢州、峡州、归州等地官员纷纷逃跑。十一月，商州刺史充荆集合周围士兵前去讨伐，俘虏康楚元，送到京城斩首。

九月二十七日，史思明军攻入洛阳。害怕李光弼从后袭击，不敢入宫，出城屯兵白马寺，准备与李光弼作战。随后，出兵攻打河阳，被李光弼击溃。

■ 诗人经历

从洛阳出发，经新安、石壕、潼关等地返回华州。赶上大旱，见郭子仪强征士兵以及灾民之惨状，作《新安吏》《石壕吏》《潼关吏》和《新婚别》《垂老别》《无家别》，即"三吏""三别"。

秋，离开华州前往秦州，入蜀到成都。年末，听闻李白被流放到夜郎的消息。

除了"三吏""三别",作《赠卫八处士》《夏夜叹》《梦李白》其二、《秦州杂诗》其二、《天末怀李白》《月夜忆舍弟》《寄李十二白二十韵》。

上元元年（760）

■ 历史纪事

玄宗从蜀中归来后住在兴庆宫，由左龙武大将军陈玄礼和内侍监高力士侍奉。宦官李辅国拥立肃宗有功，但出身低微，玄宗左右之人都很轻视他。

李辅国怀恨在心，向肃宗说陈玄礼、高力士等人谋求复辟。肃宗不信，李辅国又说："虽不是玄宗本意，但左右之人却有可能有大逆不道的想法。更何况兴庆宫与街坊相杂，应该将太上皇迁入大内，既可以杜绝小人蛊惑，又可以让太上皇安享晚年。"肃宗没有同意。

李辅国又两次假传圣旨。第一次将兴庆宫原本的三百匹马取走，只留下十匹。当时玄宗就对高力士说，太子被李辅国蛊惑，不能将孝道尽到最后。第二次，李辅国率军将玄宗哄骗到甘露殿居住，将陈玄礼、高力士等旧时宫人都赶走，只留下老弱数十人。随后，李辅国向肃宗请罪，肃宗则好言安慰。之后，李辅国将询问太上皇起居的颜真卿贬为蓬州长史，高力士、王承恩等人都被流放，肃宗另选百人服侍玄宗。

玄宗生病，肃宗由于自己也生病了，只能派人去问候。李辅国已经手握兵权。

■ 诗人经历

在表弟王十五司马和其他朋友的帮助下，于城西浣花溪处营建草堂。徐卿、萧实、何雍、韦班等人提供果木。

作《蜀相》《江村》。

上元二年（761）

■ 历史纪事

史思明被部将杀死，史朝义被拥立为皇帝，改元显圣。史朝义派人到范阳，杀死史思明次子史朝清和其母亲辛氏。史朝清部将不服史朝义，双方在城中交战数月，死者达数千人之多。范阳平定，但叛军内部造反引发分裂。史朝义部将多是安禄山旧将，史朝义不能服众，士兵不听其所用。

四月二十八日，梓州刺史段子璋造反。段子璋英勇善战，随玄宗入蜀有功。东川节度使李奂上奏，想要取代段子璋，段子璋便起兵造反。段子璋与李奂交战，李奂兵败，逃往成都。段子璋自称梁王，改元黄龙。随后，又率军攻陷剑州。

五月十一日，西川节度使崔光远和东川节度使李奂联合进攻绵州，斩杀段子璋。

■ 诗人经历

正月前往新津，二月回到成都。秋，前往青城，后又返回成都。年老力衰，生活窘迫，有前往吴楚之地的想法。冬，高适抵达成都，二人在草堂把酒言欢。

作《春夜喜雨》《江畔独步寻花》《客至》《赠花卿》《茅屋被秋风所破歌》。

上元三年—宝应元年（762）

■ 历史纪事

四月五日，玄宗驾崩于神龙殿。肃宗旧病不起，只能在内殿发哀。四月十五日，改元宝应，大赦天下。

张皇后与李辅国干预朝政，但二人有嫌隙。宦官程元振与李辅国结为一党，对抗张皇后。张皇后与太子李豫商议打算除掉李辅国。太子性格软弱，不从。张皇后随后从宦官中选出有勇力者两百人埋伏在长生殿后，诛杀程元振和李辅国。

程元振听闻消息后便与李辅国商议，伏兵于凌霄门。等太子抵达后，便与太子一起入宫，杀死张皇后，肃宗也因为惊惧而亡。太子即位，为唐代宗。

代宗即位后，李辅国手握禁军，把持朝政，引起代宗不满。后代宗与程元振一起解除李辅国兵权。十月十七日，李辅国被暗杀。

六月十四日，严武被任命为西川节度使。七月十六日，剑南兵马使徐知道谋反。八月十三日，徐知道被部将李忠厚所杀。

九月，代宗派刘清潭出使回纥，请求出兵讨伐史朝义。十月二十三日，唐军与回纥合力进攻，大败叛军，收复东京。仆固怀恩接替郭子仪成为副元帅。

■ 诗人经历

从春到夏，一直与严武联系。七月，送严武归朝，送至绵州。回程恰好遇到徐知道谋反，前往梓州。秋末，把家人从成都接到梓州。在周边游历，游览金华山玉京观、陈子昂故居、郭元振故居、庆善寺画壁。

作《寄高适》。

广德元年（763）

■ 历史纪事

唐朝与回纥的联军一直在追击史朝义，史朝义部下见大势已去，纷纷投降。史朝义被围堵，自缢于林中。史朝义的首级被送到长安，宣告安史之乱结束。

安史之乱结束后，吐蕃数次进犯，边疆传来报告，程元振都不上奏。十月，泾州刺史高晖投降吐蕃，引其深入大唐腹地。吐蕃人抵达邠州，代宗才知道。十月六日，吐蕃渡过便桥，代宗仓皇逃往陕州。吐蕃杀入长安，纵兵掠夺。

郭子仪得到消息后匆忙从咸阳出发，赶往长安。一路上，郭子仪收拢长安逃出的士兵，将吐蕃人从长安赶走。

■ 诗人经历

身处梓州，听闻官兵收复河南河北、安史之乱结束的消息，想立刻回到长安。闻房琯在汉州，想要前去拜见。不料，房琯被朝廷召回做刑部尚书，病故在阆州，于是前往阆州凭吊。秋季时，接到女儿生病的家书，回到梓州。

作《闻官军收河南河北》《冬狩行》《岁暮》等。

广德二年（764）

■ 历史纪事

仆固怀恩在朝廷中不受重用，屡遭猜疑，便想谋反。他与河东都将李竭诚密谋攻取太原。辛云京出城与仆固怀恩的儿子仆固瑒交战，大败。颜真卿上奏代宗，朔方士兵都很敬佩郭子仪。如果郭子仪能去镇抚河东，将士必不会与仆固怀恩一起造反。

正月，郭子仪为朔方节度大使、河中节度使。仆固怀恩的部下听说后，都觉无颜面对郭子仪。

二月，郭子仪到河中，仆固瑒战败身死。仆固怀恩拜见母亲，他的母亲却说要为国家诛杀叛贼。仆固怀恩只好率领三百骑向北逃跑。

抵达灵武后，仆固怀恩收拢残兵，重振声威。代宗下诏安抚，要他解除河北副元帅、朔方节度使等职位，保留太保兼中书令以及大宁郡王的爵位。

仆固怀恩居然不从，反而与回纥、吐蕃勾结，引来十多万大军入侵。代宗召郭子仪，郭子仪认为，仆固怀恩虽勇猛，但很少施恩给部下。跟随他入侵的都是想家的，他的部下过去都听命于我，一定不忍互相交战。

郭子仪还认为，回纥、吐蕃人深入大唐腹地，必然想要速战。只要坚壁以待，不给他们劫掠城池的机会，必然能获胜。果然，回纥、吐蕃抵达邠州、奉天时，守将都闭门不出，回纥、吐蕃大军只能不战而退。

■ 诗人经历

从梓州前往阆州，想要北上。朝廷封补京兆共曹参军一职，不想赴任。半路听说严武回到蜀地镇守，便改变计划，前往成都。

六月，入严武府中，为节度参谋、检校工部员外郎。秋，在严武府中不快，便写诗告知严武，离开严武幕府，回归草堂。

作《登楼》《绝句》组诗、《忆昔》其二。

永泰元年（765）

■ 历史纪事

三月十九日，吐蕃遣使求和。代宗问郭子仪，郭子仪识破吐蕃奸计，认为吐蕃想趁机偷袭。随后，在奉天、泾州、原州等地增兵侦察。

九月，仆固怀恩再次引各部落士兵数十万入侵，吐蕃攻奉天，党项攻同州，吐谷浑攻周至，回纥在吐蕃之后。仆固怀恩亲自领兵殿后，不料中途染病身亡。

各路兵依照原本路线进行劫掠。十月八日，回纥、吐蕃兵围攻泾阳。因为仆固怀恩已死，回纥、吐蕃开始争夺领导权，双方军营分别驻扎，互不相信。

郭子仪派遣将领李光瓒前往回纥大营劝说，回纥将领不信，要求见郭子仪。得报后郭子仪便孤身前往回纥大营，说服回纥大帅药葛罗，联合回纥一起攻打吐蕃。

十月十五日，与吐蕃交战于灵台，吐蕃大败，损伤数万人。十八日，吐蕃又败于泾州。十九日，仆固怀恩部将张休藏等人投降。

四月二十九日，剑南节度使严武病逝。蜀中各将领为争夺节度使位置互相攻讦，蜀中大乱。

■ 诗人经历

正月三日，彻底辞去职务，回到浣花溪，居住在草堂。五月，全家离开草堂南下，前往嘉州。六月抵达戎州，从戎州前往渝州。秋，抵达忠州，居住在龙兴寺院。九月，抵达云安县。因病居住在严明府水阁。

作《旅夜书怀》。

大历元年（766）

■ 历史纪事

二月二十七日，宰相杜鸿渐为山南西道、剑南东西川副元帅、剑南西川节度使，前往蜀地平乱。二十八日，山南西道节度使张献诚兼剑南东川节度使，崔旰为茂州刺史。

三月二十八日，张献诚与崔旰在梓州交战，大败。杜鸿渐抵达蜀地，听说张献诚战败后派人前往崔旰处示好，崔旰也送去了大量贿赂。杜鸿渐大喜，抵达成都，与崔旰终日饮酒作乐，将州府事务都交给崔旰，还许下承诺，让柏茂琳、杨子琳等叛乱军阀做本州刺史。

同华节度使周智光与鄜坊节度使杜冕不和，永泰元年追击吐蕃到坊州，周智光居然趁机坑杀杜冕家眷八十四人，回到华州后，愈发骄横。代宗命杜冕跟着张献诚到山南东道躲避，周智光居然派兵在商山截杀，但没能成功。周智光知道自己罪大恶极，于是就聚集数万亡命徒，让他们在周边劫掠。

十二月二十二日，周智光杀死陕州监军张志斌。朝廷此时仍想安抚，派使者余元仙前往华州，封周智光为检校左仆射。周智光怒骂使者，自称有大功于家国天下，应该当宰相而不是仆射。

郭子仪率军讨伐周智光，周智光的部下纷纷离心。半月后，周智光死于华州牙将李延俊之手。

■ 诗人经历

春末夏初之时离开云安，前往夔州。到夔州后，因病留居在此。刚到夔州时居住在中山客堂，秋天移居到西阁。受旧识、升为夔州都督的柏茂琳的资助。

作《八阵图》《秋兴》其一，《咏怀古迹》其三、其五，《中宵》《壮游》《昔游》《偶题》《阁夜》。

大历二年（767）

■ 历史纪事

代宗在元载、王缙、杜鸿渐的影响下，开始相信佛教。在皇宫中供养数百僧人，一旦外族入侵，就请僧人念诵佛经，以求退敌。退敌之后，便大加封赏。胡僧不空，被封为公爵，可以随意出入皇宫。元载、王缙、杜鸿渐见到代宗往往只说佛事，代宗开始专心佛事，不理人事。

九月，吐蕃出兵围困灵州。郭子仪亲率河中兵三万镇守泾阳。九月十七日，移兵奉天镇守。十月一日，朔方节度使路嗣恭大败吐蕃于灵州城下，吐蕃退兵。

十二月四日，郭子仪父亲的坟墓被盗，找不到作案人。鱼朝恩素来与郭子仪不和，人们怀疑是鱼朝恩派人盗墓。郭子仪入朝，朝廷担心郭子仪变心。代宗与郭子仪相见，提到盗墓的事情，郭子仪哭着说："臣带兵时间长了，不能禁止士兵盗他人坟墓。如今有人盗我父亲的坟墓，这是天谴，并不是人祸。"朝廷这才放心。

■ 诗人经历

春，从西阁移居到了赤甲，三月迁居到瀼西草屋，附近有柏茂琳置办的四十亩果园，几亩菜地以及稻田数顷。秋，因为稻田收获暂时住在东屯。将瀼西草堂借给从忠州而来的吴司法居住。十月，想前往荆襄。十九日，在夔州别驾元持家看李十二娘舞剑。

作《江梅》《又呈吴郎》《登高》《可叹》《冬至》《观公孙大娘弟子舞剑器行》。

大历三年（768）

■ 历史纪事

六月二十日，幽州兵马使朱希彩，经略副使朱泚和弟弟朱滔杀死节度使李怀仙，朱希彩自称节度使留后。闰六月，成德节度使李宝臣派兵讨伐朱希彩失败，朝廷只好认可朱希彩的留后身份。王缙前往幽州，朱希彩列兵相迎，王缙面无惧色，朱希彩态度便恭敬了许多。但王缙也明白，朝廷很难控制朱希彩。十一月，朱希彩正式成为幽州节度使。

四月二十八日，西川节度使崔旰入朝，为弟弟崔宽请求留后的身份。泸州刺史杨子琳趁崔旰入朝的时机，率领数千骑兵攻入成都。朝廷加封崔旰检校工部尚书，赐名崔宁。崔宽率军与杨子琳交战，战败。七月，崔宁的妾室任氏拿出家财数十万，募兵数千人与杨子琳作战，大败杨子琳。

八月二十一日，十多万吐蕃兵马入侵灵武。二十六日，吐蕃将领尚赞摩率领两万吐蕃兵入侵灵州，邠宁节度使马璘率军击败吐蕃。九月一日，郭子仪受命带兵五万，镇守奉天防备吐蕃。十一日，朔方将领白元光率军击败吐蕃。二十一日白元光又在灵武击败吐蕃。凤翔节度使李抱玉派将领李晟带领五千兵进攻吐蕃，李晟认为，以蛮力击败吐蕃的话，五千人不够，以计谋击败吐蕃，五千人又太多。于是，李晟率军千人，日夜兼程，攻破吐蕃定秦堡。吐蕃听说后，赶紧回防，解了灵州之围。

■ 诗人经历

正月，离开夔州。临走之前，将瀼西果园送给了南卿兄。三月，抵达江陵，住在江陵城外。停留在江陵数月，身体情况好转。秋，前往公安县。在公安县停留数月，觉得治安差，居住风险高，启程前往衡州。

作《江汉》《登岳阳楼》。

大历四年（769）

■ 历史纪事

仆固怀恩虽然叛乱，但也立过大功。代宗念他为国效力，将他的女儿收为养女，养在宫中。五月二十四日，册封仆固怀恩之女为崇徽公主，嫁给回纥可汗。二十五日，派遣兵部侍郎李涵送往回纥。六月一日，公主启程前往回纥。

八月二十九日，河东节度使同平章事辛云京去世，朝廷派遣王缙担任河东节度使。河东兵马使王无纵、张奉璋等人对王缙很轻视。九月，王缙受朝廷命令，调遣河东兵前往盐州，委派王无纵、张奉璋二人率领三千兵马前往。张奉璋不听调令，拒绝进兵。王无纵率兵前往后，擅自进入太原城。王缙将二人擒获并斩首，将其党羽其他七人以及彪悍暴戾、不服军纪的人通通斩杀。

■ 诗人经历

正月，途经岳州，抵达衡州，游历南岳道林两座寺庙，欣赏宋之问题字的墙壁。三月，抵达潭州，又前往衡州。故人韦之晋原本是在衡州做刺史，后得知韦之晋迁往潭州做刺史，因此前往潭州，希望韦之晋能帮着谋份差事。没想到，韦之晋忽然病故。

在潭州时，遇到一位名叫苏涣的年轻人，看了对方写的诗歌，与对方结为朋友。

大历五年（770）

■ 历史纪事

鱼朝恩手握兵权，权倾朝野，不把宰相元载放在眼里，喜欢与人谈论朝政，侮辱元载。

鱼朝恩宠信神策军都虞侯刘希暹和都知兵马使王驾鹤，刘希暹说鱼朝恩在北军中设置牢狱，诬告有钱人，将其抓入牢狱，家财充入军中，对告密者、抓捕者都进行赏赐。

鱼朝恩向代宗奏事时，认为代宗都会准奏。每当朝廷中有政事是他不知道的，就大发脾气。代宗知道此事十分不悦。

元载看出代宗对鱼朝恩不满，便趁机说鱼朝恩专权，恐怕有不轨的企图，应该尽早除去。得到代宗同意后，元载便重金贿赂鱼朝恩左右心腹，预谋诛杀鱼朝恩。

三月十日，代宗在宫中设宴，元载留守中书省。宴席结束后，鱼朝恩要回禁军军营。代宗谎称要留他议事，趁他不备，命左右将其勒死。

鱼朝恩被诛杀后，元载成了新的权臣。他自称文才武略，古今第一人，喜欢玩弄权术，生活奢侈无度。代宗时期朝堂上的政治状况并没有多少变化。

■ **诗人经历**

　　暮春时遇到李龟年。四月，为躲避潭州战乱，前往衡州。在衡州生活艰难，正巧此时舅父崔伟在郴州做录事参军，邀去郴州。六月下旬前往郴州。

　　前往郴州路上，遭遇江水暴涨，一家人断绝饮食。幸好有一位聂县令送来饮食。去郴州非常困难，打算从水路返回襄阳。

　　七月上旬，抵达潭州，住至秋末，告别故友准备北归。在即将抵达洞庭湖的时候患重病，留下绝命诗《风疾舟中伏枕书怀三十六韵奉呈湖南亲友》。

　　作《江南逢李龟年》《小寒食舟中作》《风疾舟中伏枕书怀三十六韵奉呈湖南亲友》。